Gerald Drews

Das große Humboldt
Vornamenbuch

Die schönsten Namen für Mädchen und Jungen

humboldt

Inhalt

Vorwort 4

Der Weg zum passenden Vornamen 5

Grundsätzliches zur Namensgebung 6
Ein Name für die Ewigkeit 6
Unser Kind ist da! Wann müssen wir das Standesamt informieren? 6
Vorname oder Rufname: Was ist der Unterschied? 7
Kriterien für die Namenswahl 8
Welche Schreibweise soll es sein? 10
Alles, was Recht ist: Diese Vornamen sind erlaubt 11
Darf mein Kind Pepsi-Carola heißen? 11
Wie viele Namen darf mein Kind bekommen? 14
Der Familienname als zweiter Vorname? 14
Kann der Name später geändert werden? 15
Wer hilft im Streitfall? 15
Und wenn wir uns nicht einig werden? 16
Wenn das Passende noch nicht dabei ist 17

Die schönsten Vornamen für Mädchen von A bis Z — 18

Die schönsten Vornamen für Jungen von A bis Z — 138

Vorwort

Herzlichen Glückwunsch – ihr bekommt ein Baby! Kaum ist die frohe Nachricht Familie und Freunden überbracht, werdet ihr auch schon mit Fragen bombardiert. An erster Stelle in der Regel: Wisst ihr schon, was es wird? Und gleich im Anschluss: Und habt ihr schon einen Namen? Die wenigsten werdenden Eltern werden darauf sofort eine Antwort parat haben.

Wer sich für einen Vornamen entscheiden muss, hat oft die Qual der Wahl. Sehr viele Namen aus allen Kulturen der Welt stehen zur Auswahl. Und anders als der Kinderwagen oder das Babybett bleibt der Name dem Kind auch ein Leben lang erhalten. Ganz klar, dass ihr den perfekten Namen für euer Baby finden wollt.

Mit diesem Buch habt ihr schon einmal einen guten Anfang gemacht: Hier finden sich insgesamt rund 7000 Vornamen für Mädchen und Jungen. Sie stammen aus aller Welt, denn im Zeitalter der Globalisierung werden auch Vornamen gerne aus anderen Ländern und Kulturen importiert.

Außerdem finden alle, die sich nicht sicher sind, ob der Wunschname auch wirklich zulässig ist, einige Tipps zum deutschen Namensrecht.

Lasst euch also inspirieren – bestimmt ist auch für euer Kind das Richtige dabei!

Der Weg zum passenden Vornamen

Der Weg zum passenden Vornamen für euer Kind ist nicht immer einfach. Zu groß ist die Auswahl. Und dann wollen auch noch die Standesämter ein Wörtchen mitreden, wenn ihr Bavaria-Schokominza für den perfekten Vornamen für eure Tochter haltet. Wie ihr zu einem Vornamen findet, der euch selbst, das Standesamt und hoffentlich auch euren Nachwuchs glücklich macht, erfahrt ihr auf den folgenden Seiten.

Grundsätzliches zur Namensgebung

Eltern haben das Recht und die Pflicht, den Vornamen ihres Kindes zu bestimmen. Doch wie so oft im Leben gilt es auch hier, einige Vorschriften zu beachten. Wer darf eigentlich den Vornamen festlegen? Was ist ein Rufname? Und welche Fristen gilt es zu beachten? Auch mit diesen Fragen sollten sich werdende Eltern beschäftigen.

Ein Name für die Ewigkeit

Natürlich ist euer Baby etwas ganz Besonderes. Also sollte es auch einen ganz besonderen Vornamen haben, mögt ihr nun denken. Aber vergesst nicht: Der Name wird euer Kind sein ganzes Leben lang begleiten. Wollt ihr wirklich riskieren, dass euer Kind euch hasst, weil ihr ihm den Namen Tarzan-Napoleon gegeben habt? Einen Namen für ein Kind zu wählen ist eine verantwortungsvolle Aufgabe, die nicht zum Egotrip der Eltern werden sollte.

Kleine Kinder wollen vor allem eines: so sein wie alle anderen. Eurem Nachwuchs wird es nichts ausmachen, wenn es in der Kita noch drei andere Pauls gibt. Doch vermutlich wird sich dein kleiner Sohn sehr daran stören, wenn sich andere darüber lustig machen, dass er Popo heißt.

Unser Kind ist da! Wann müssen wir das Standesamt informieren?

Für den Vornamen eines Kindes ist grundsätzlich das Recht des Staates zuständig, dem das Kind angehört. Bei einem deutschen Kind haben die sorgeberechtigten Eltern gemeinsam das Recht, dem Kind seinen Namen zu geben. Ist nur ein Elternteil sorgeberechtigt, so darf er allein den Namen festlegen.

Ist euer Kind auf der Welt, so müsst ihr innerhalb einer Woche die Geburt beim Standesamt melden. Zur Anzeige der Geburt sind folgende Personen verpflichtet:
- der Vater des Kindes, sofern er sorgeberechtigt ist,
- die Hebamme, die bei der Geburt zugegen war,
- der Arzt, der bei der Geburt anwesend war,
- jede andere Person, die dabei zugegen war oder von der Geburt aus eigenem Wissen unterrichtet ist,
- die Mutter, sobald sie in der Lage ist, die Geburt anzuzeigen.

Einen oder mehrere Vornamen muss man dem Standesamt zu diesem Zeitpunkt noch nicht mitteilen – ihr habt also noch ein wenig Bedenkzeit. Gerade wenn ihr euch noch nicht sicher seid, wie das Baby nun heißen soll, oder ihr mehrere Favoriten habt, hilft es, sich noch ein wenig Zeit zu nehmen. Denn wenn ihr euer Kind ein wenig besser kennenlernt, stellt sich oft von selbst heraus, welcher Name am besten passt.

Innerhalb eines Monats nach der Geburt müsst ihr euch allerdings entscheiden. Vor Ablauf der Frist muss der Name schriftlich oder mündlich dem Standesamt angezeigt werden.

Vorname oder Rufname: Was ist der Unterschied?

Früher wurde noch zwischen Vor- und Rufname unterschieden. Wollten Eltern ihrem Kind mehrere Vornamen geben, musste ein Rufname festgelegt werden. Durch Unterstreichen kennzeichneten die Standesämter diesen Rufnamen dann eindeutig.

Diese Regelung wurde aufgehoben, doch noch bis 31. Oktober 2015 erfassten die Einwohnermeldeämter den Rufnamen in einem eigenen Feld. Seit 1. November 2015 ist das nicht mehr der Fall. In amtlichen

Dokumenten ist lediglich die Reihenfolge der Vornamen festgelegt, der erste Vorname galt automatisch als Rufname.

Das sorgte in der Praxis oft für Probleme, denn nicht immer verwenden Menschen tatsächlich ihren ersten Vornamen als Rufnamen. Das ist zum Beispiel häufig der Fall, wenn der erste Vorname vom Vater oder Opa übernommen wird und das Kind dann mit dem zweiten Vornamen gerufen wird. Ein Georg Philipp würde dann im Alltag ganz einfach Philipp heißen. Offiziell müsste er aber immer mit Georg unterscheiben, da das sein amtlicher Rufname ist.

Deshalb gibt es seit dem 1. November 2018 die Möglichkeit, die Reihenfolge der Vornamen zu ändern. Im neuen „Gesetz zur Änderung personenstandsrechtlicher Vorschriften" können wir unsere Vornamen nun neu sortieren. Namen zu verändern, zu streichen oder hinzuzufügen geht aber nach wie vor nicht.

Was heißt das für euch als Eltern? Ganz einfach: Ihr müsst euch zwar für eine bestimmte Reihenfolge der Vornamen entscheiden, doch diese kann später noch geändert werden. Und ob ihr euer Kind später dann Mausi oder Spatz ruft, müsst ihr ohnehin nicht amtlich festlegen.

Kriterien für die Namenswahl

Werdende Eltern kennen das Problem: Auf der Suche nach dem perfekten Vornamen für den Nachwuchs zerbricht man sich wochenlang die Köpfe. Denn schließlich soll der Name ja nicht nur Mama und Papa gefallen, sondern auch zum Kind passen. Und plötzlich ist man dann so weit, dass man die Papaya im Supermarkt anschaut und darüber nachdenkt, ob das Töchterchen vielleicht Papaya heißen könnte … Damit niemand planlos durch den Supermarkt ziehen muss, hier ein paar Kriterien, die man bei der Namenswahl heranziehen kann:

- **Familientradition:** Früher war es ganz normal, dass Kinder die Namen ihrer Eltern, Großeltern oder Taufpaten erhielten. Blickt euch einmal in der Verwandtschaft um – vielleicht gibt es ja dort einen Namen, der euch gefällt?
- **Klang:** Häufig werden Namen gewählt, die gut klingen. Bei Mädchen sind das oft Vornamen, die auf -a enden. Beliebt bei Mädchen und Jungen sind außerdem Vornamen, die mit weichen Konsonanten wie „L", „M" oder „N" beginnen.
- **Berühmte Vorbilder:** Viele Menschen orientieren sich an Prominenten, wenn sie einen Namen für ihr Kind suchen. So haben wir Schauspieler Kevin Costner die Kevin-Welle der frühen 1990er-Jahre zu verdanken und Leonardo DiCaprio war im Kielwasser der „Titanic" ebenfalls der Namenspate vieler Jungen. Kreativität legen viele Promis auch bei den Namen ihrer eigenen Kinder an den Tag und beeinflussen damit ebenfalls wieder uns Normalos. Wie wäre es also mit Apple (Gwyneth Paltrow), Romeo (David Beckham) oder Stormi (Kylie Jenner)? Wer sein Kind nach einem Promi benennt, sollte allerdings auch bedenken, dass ein solcher Name bestimmte Erwartungen weckt. Was ist, wenn der kleine Ronaldo später mit Fußball gar nichts am Hut hat?
- **Zusammenklang mit dem Nachnamen:** Eine Rolle bei der Namenswahl spielt auch der Nachname, den das Kind tragen wird. Ihr kennt sicherlich den Witz von Axel, der mit Nachnamen Schweiß heißt. Generell gilt: Zu einem kurzen Nachnamen klingt ein längerer Vorname besser als ein kurzer, also zum Beispiel besser Maximilian Kurz als Max Kurz. Bei langen Nachnamen verhält es sich genau umgekehrt. Auch Reime wie Pit Schmidt oder Suse Kruse sollte man vermeiden. Oft ist es auch schwierig, einen Namen flüssig auszusprechen, wenn der Nachname mit demselben Laut beginnt, mit dem der Vorname endet. Auch Alliterationen, bei denen Vor- und Nachname mit dem gleichen Buchstaben beginnen, sind Geschmackssache. Manchen Eltern gefällt es, wenn der Sohn Markus Maier heißt, anderen nicht.

- **Namen der Geschwister:** Habt ihr bereits ein Kind oder bringt der Partner oder die Partnerin ein Kind mit in die Beziehung? Dann könnt ihr auch die Namen der Geschwister miteinbeziehen. Es klingt harmonisch, wenn drei nordische Namen wie Annika, Finn und Nils zusammentreffen. Chelsea, Enrico und Nadine klingt dagegen kunterbunt zusammengewürfelt.
- **Vorsicht bei Koseformen:** Zu einem Benjamin sagt sowieso jeder nur Benni – warum also den kleinen Jungen nicht gleich offiziell Benni nennen? Vergesst nicht, dass aus kleinen süßen Kindern einmal Erwachsene werden. Und der spätere Nobelpreisträger findet es vielleicht nicht so toll, wenn er Prof. Dr. Dr. Benni Schmidt heißt.
- **An Dialekte denken:** Auf Hochdeutsch klingen alle Namen gut. Aber was ist, wenn euer Kind später in einer Region mit einem ausgeprägten Dialekt lebt? Im Schwäbischen wird aus einem Sebastian im Handumdrehen ein „Sebaschtian" und aus einer Astrid eine „Aschtritt". Gerade im letzteren Fall könnte das zu Hänseleien führen …
- **Binationale Ehen/Partnerschaften:** Bei binationalen Ehen und Partnerschaften kommt noch eine weitere Komponente dazu: Auch wenn ihr fest plant, in nur einem Land zu leben, sollte der Name in beiden Kulturen bekannt sein, damit auch die Verwandten im anderen Land den Namen problemlos aussprechen können. Kommt der Papa aus einem englischsprachigen Land, ist Frederick also eine bessere Lösung als Friedrich.

Welche Schreibweise soll es sein?

Wer Sophia heißt, kann ein Lied davon singen: „Mit f oder ph?", lautet hier die Standardfrage, wenn Sophia ihren Namen angibt. Hier habt ihr tatsächlich die Wahl, für welche Variante ihr euch entscheidet. Auf bewusst falsche oder „exotische" Schreibweisen solltet ihr aber am besten verzichten, um eurem Kind zu ersparen, dass es sein Leben lang seinen Namen buchstabieren muss. Dann also doch lieber Jacqueline als Schacklyn – auch, wenn letztere Form mittlerweile erlaubt ist.

Akzente sind übrigens fester Bestandteil eines Namens und können nicht nach Belieben gesetzt werden. Bei René muss der Akzent gesetzt werden, weil die Aussprache sonst nicht klar wäre (im Deutschen werden Namen in der Regel auf der ersten Silbe betont). Bei Dorothee ist der Akzent (obwohl im Französischen vorhanden) dagegen nicht nötig, da die zwei e bereits die Aussprache festlegen.

Wichtig ist auch, dass ihr überprüft, ob der Standesbeamte den Namen richtig geschrieben hat, denn Namen können später nicht mehr so leicht geändert werden – selbst wenn sich der Standesbeamte vertippt hat.

Alles, was Recht ist: Diese Vornamen sind erlaubt

Haben wir bei der Namenswahl wirklich freie Wahl? Wie viele Vornamen darf unser Kind tragen? Und können wir den Namen später noch einmal ändern, falls er uns nicht mehr gefällt? Diese und andere Fragen werden auf den folgenden Seiten erläutert.

Darf mein Kind Pepsi-Carola heißen?

Brooklyn? Peaches? Pumuckl? Das letzte Wort in Sachen Vornamen hat in der Regel das Standesamt, bei dem ihr die Geburt eures Kindes meldet. In der „Dienstanweisung für die Standesbeamten und ihre Aufsichtsbehörden" ist festgelegt, welche Vornamen das Standesamt ablehnen darf. Dies sind Vornamen, die

- Anstoß erregen oder die Persönlichkeitsrechte des Kindes verletzen,
- eine extreme Gesinnung ausdrücken,
- eine lächerliche Wirkung erzielen,
- das Geschlecht des Kindes nicht eindeutig erkennen lassen. Hier muss das Kind zusätzlich einen eindeutig männlichen oder weiblichen Zweitnamen bekommen.

Außerdem dürfen Vornamen keine Titel, wie z. B. Kaiser oder Graf, enthalten. Auch Ordnungszahlen wie Karl Schmidt III. oder Namenszusätze wie „junior" sind nicht erlaubt.

Ebenfalls auf der roten Liste stehen Namen, die normalerweise als Nachnamen bekannt sind, und Markennamen. Allerdings gibt es auch hier wieder Ausnahmen. Denn manche Markennamen sind in anderen Kulturen bekannte Vornamen. Milka zum Beispiel ist uns als Schokolade bekannt, es ist jedoch auch ein hebräischer Mädchenname.

MERCEDES ODER PORSCHE?

Markennamen sind im Allgemeinen nicht als Vornamen zulässig. Da Mercedes jedoch in Spanien ein häufig vorkommender weiblicher Vorname ist, dürfen auch deutsche Mädchen Mercedes heißen. Gegen Porsche legten die Gerichte dagegen ein Veto ein.

Wichtig ist, dass ein Name auch tatsächlich als Name bekannt sein muss. Bei Übernahmen aus anderen Sprachen wird hier häufig der Einzelfall geprüft.

In der Regel zeigen sich die Standesämter erstaunlich liberal. Das gilt auch für selbst erfundene Namen, solange diese wie ein Vorname klingen und eindeutig als männlich oder weiblich zu erkennen sind. Und sollte euch euer Wunschname dennoch verweigert werden, habt ihr immer noch die Möglichkeit, vor Gericht zu ziehen. Eltern haben sich schon bis vor das Bundesverfassungsgericht durchgeklagt, nur um ihren Sohn Anderson nennen zu dürfen. Eurer Fantasie sind also kaum Grenzen gesetzt – zumindest, bis euch das Geld ausgeht.

DIESE VORNAMEN WURDEN GENEHMIGT

Adriatik, Alemmania, Apple, Bavaria, Belana, Birkenfeld, Blaubeere, Bluebell, Blücherine, Bluna, Bo, Brain, Büb, Chanel, Che, Chelsy Novèle, Cheyenne, Cinderella-Melodie, Cosmo, Courage, Dee-Jay, Despot, Dior, Domino Carina, Emilie-Extra, Fanta, Frangi-Pany, Frea, Galaxina, Gneisenauette, Godot, Godpower, Harley, Ikea, Imperial-Purity, Junior, Kantorka, Katzbachine, Kix, Klee, Lafayette, Laperla, Laser, Legolas, Lelibeth, Leonardo da Vinci Franz, Lio, London, LouAnn, Lovelle, Lynik, Magic, Maier, Matt-Eagle, Michael Cougar, Mienaatchi, Milka, Mikado, Miransah, Monel, Napoleon, Noredien, November, Nox, Nussi, Pebbles, Pepsi-Carola, Phoenix, Popo, Precious, Prestige, Pumuckl, Quidan, Rapunzel, Raven, Rionella, Robinson, Sammilia, Schacklyn, Schneewittchen, Schokominza, Segesta, Shakur, Sheriff, Siebenstern, Sioux, Smudo, Solarfried, Sonne, Sultan, Sunshine, Tarzan, Timpe, Topas, Triumf, Viktualia, Wasa, Waterloo, Windsbraut, Winnetou.

Und wenn ihr euch nun beim Lesen gefragt habt, ob da nicht die Standesbeamten betrunken waren, so können wir euch beruhigen. In vielen Fällen sagt das Standesamt durchaus auch Nein!

DIESE VORNAMEN WURDEN ABGELEHNT

Agfa, Atomfried, Baron, Beauregard, Bierstübl, Blitz, Borussia, Celle, Cezanne, Cheraldine, Crazy Horse, Gastritis, Gihanna, Gin, Grammophon, Gucci, Hemingway, Heydrich, Holgerson, Holunder, Idjen („alternative" Schreibweise für Etienne), Januar, Joghurt, Jürgenson, Junge, Kirsche, Lenin, Leuis, Liebknecht, Lord, McDonald, Megwanipu, Millenium, Möhre, Navajo, Nelkenheini, Noah ben Abraham, Ogino, Omo, Partizan, Pepsi-Cola, Pfefferminza, Pilula, Porsche, Princess, Puppe, Rasputin, Rosenherz, Rumpelstilzchen, Satan, Schanett, Schmitz, Schnucki, Schröder, Seerose, Shogun, Sputnik, Steißbein, Störenfried, Tom Tom, Verleihnix, Waldmeister, Whisky, Woodstock.

Wie viele Namen darf mein Kind bekommen?

Das Bundesverfassungsgericht hat eindeutig entschieden: Ein Kind darf maximal fünf Vornamen tragen. Aus diesen Namen kann das Kind seinen Rufnamen frei wählen und die Reihenfolge der Namen auch ändern. Eine rechtliche Besonderheit gibt es bei Namen, die mit Bindestrich verbunden sind. Hier müssen bei offiziellen Unterschriften alle Vornamen ausgeschrieben werden. Ein Maximilian-Korbinian hat also eine sehr lange Unterschrift.

ZWÖLF SIND EINDEUTIG ZU VIEL!

Eine Mutter wollte ihrem Sohn zwölf Vornamen aus den verschiedensten Kulturen geben: Chenekwahow Tecumseh Migiskau Kioma Ernesto Inti Prithibi Pathar Chajara Majim Henriko Allesandro sollte der kleine Junge heißen. Ganz abgesehen davon, dass schon einzelne dieser Namen für Diskussionsbedarf mit dem Standesamt sorgen dürften, schob das Oberlandesgericht Düsseldorf dem Treiben einen Riegel vor. Es ließ nur die ersten fünf Vornamen zu. Auch eine Verfassungsbeschwerde brachte der Mutter keinen Erfolg.

Der Familienname als zweiter Vorname?

Spätestens bei der Geburt des ersten Kindes muss sich ein Ehepaar auf einen Familiennamen einigen, den dann alle Kinder tragen werden. Auch unverheiratete Eltern stehen vor der Wahl, ob das Kind den Nachnamen des Vaters oder den der Mutter tragen soll. Aber was ist mit dem Elternteil, der „leer ausgeht"? Dürft ihr dessen Namen als zweiten Vornamen des Kindes eintragen, sodass das Kind beide Namen bekommt? Unter Umständen ja, urteilte der Bundesgerichtshof. Voraussetzung dafür ist allerdings, dass der betreffende Familienname dafür geeignet ist. Und was bedeutet „geeignet" im Klartext? Diese Entscheidung liegt wiederum bei den Standesämtern, so der Bundesgerichtshof.

Kann der Name später geändert werden?

Stellen Sie sich vor, der Standesbeamte hat Borussia nun also doch als Vornamen zugelassen. Trotzdem ist die junge Frau aber Fan von Bayern München geworden. Gut, wenn sie noch einen zweiten Vornamen hat, den sie als Rufnamen wählen kann. Aber was, wenn das nicht der Fall ist? Kann sie ihren Namen ändern? Grundsätzlich gilt: In Deutschland kann man seinen Vornamen nur in begründeten Ausnahmesituationen ändern lassen. So kann man zum Beispiel durch ein psychologisches Gutachten begründen lassen, dass man unter seinem Vornamen leidet. Und das könnte bei einer Borussia, die in München lebt, ja durchaus der Fall sein ... Eine weitere Ausnahme sind schwer verständliche ausländische Vornamen. Diese können nach einer Einbürgerung eingedeutscht werden. Ansprechpartner ist in beiden Fällen das zuständige Standesamt.

Wer hilft im Streitfall?

Wer Zweifel hat, ob der gewünschte Name auch tatsächlich zulässig ist oder Diskussionen mit dem zuständigen Standesbeamten hat, kann sich bei den beiden folgenden Stellen Rat und Auskunft holen.

Gesellschaft für deutsche Sprache e. V.
Spiegelgasse 7, 65183 Wiesbaden
Tel.: 0900 1888128 (kostenpflichtig)
Internet: www.gfds.de

Für 30 Euro überprüft die Gesellschaft für deutsche Sprache den gewünschten Vornamen und erstellt im besten Fall eine Bestätigung für das Standesamt. Diese ist allerdings nicht rechtlich bindend, sondern stellt lediglich eine Empfehlung an das Standesamt dar.

Namenberatungsstelle der Universität Leipzig
Beethovenstr. 15, 04107 Leipzig
Tel.: 0900 1887735 (kostenpflichtig)
E-Mail: namenberatung@uni-leipzig.de
Internet: www.namenberatung.eu

Die Namenberatungsstelle der Universität Leipzig erstellt für 40 bis 60 Euro (je nach Aufwand) ein Gutachten zur Eintragungsfähigkeit eines Vornamens, das ihr dann dem Standesbeamten vorlegen könnt. Auch hier hat das Standesamt das letzte Wort.

Und wenn wir uns nicht einig werden?

Der Papa will das Kind Ronaldo nennen, die Mama findet Schauspieler Liam Hemsworth ganz toll. Und schon liegen sich die Eltern in den Haaren. Zur Beruhigung: Ihr wärt nicht die einzigen Eltern, die dieses Problem haben, denn Geschmäcker sind nun einmal verschieden. Das Baby ist noch nicht einmal geboren und schon gibt es Streit. Und dann sind da ja auch noch die Vorschläge der Großmütter …

Bei der Namenswahl ist meist eine gute Prise Kompromissbereitschaft nötig, um den passenden Vornamen für den Nachwuchs zu finden. Zudem findet ihr hier ein paar Tipps, wie ihr auf einen gemeinsamen Nenner kommt.
- Stellt eines von Anfang an klar: Die Namenswahl ist alleine Sache der Eltern. Dass euer gesamter Bekanntenkreis mit Vorschlägen daherkommen wird, versucht ihr am besten zu ignorieren.
- Erstellt unabhängig voneinander zwei Listen mit je 25 Namen, die euch gefallen. Sucht dann nach Überschneidungen. Es gibt keine? Dann nehmt trotzdem die Namen des Partners oder der Partnerin genauer unter die Lupe und seid auch kompromissbereit. Vielleicht ist da ja etwas dabei, an das ihr noch gar nicht gedacht habt?

- Ein Name, der heute noch ganz toll klingt, kann morgen schon komisch wirken. Auch wenn ihr euch relativ früh in der Schwangerschaft schon sicher seid, wie euer Kind heißen soll: Lasst eure Favoriten immer mal wieder ruhen – gefällt euch der Name ein paar Wochen später immer noch? Dann seid ihr auf der richtigen Spur!
- Lasst euch nicht unter Druck setzen. So schön es ist, schon vor der Geburt einen passenden Namen parat zu haben: Manche Eltern möchten ihr Kind erst kennenlernen, bevor sie sich auf einen Namen festlegen. Und auch wenn die frischgebackenen Omas, Opas, Onkel und Tanten schon drängeln: Ihr habt nach der Geburt einen Monat Zeit, um dem Standesamt den Namen eures Babys mitzuteilen. Also Zeit genug, um herauszufinden, welcher Name nun wirklich zum Nachwuchs passt.

Wenn das Passende noch nicht dabei ist …

Rund 7000 Vornamen für Mädchen und Jungen werden in diesem Buch vorgestellt. Doch natürlich gibt es noch viele, viele Namen mehr. Die beste Fundgrube ist hier natürlich das Internet. Falls ihr in diesem Buch nicht fündig werden solltet, könnt ihr die folgenden Websites zurate ziehen.

www.beliebte-vornamen.de
www.baby-vornamen.de
www.vorname.com
www.vornamen-weltweit.de
www.familienbande24.de
www.top-babynamen.de

Die schönsten Vornamen für Mädchen von A bis Z

Von Aaliyah bis Zwaantje. Auf den folgenden Seiten findet ihr eine Sammlung von bunt gemischten Mädchennamen aus aller Welt, darunter ausgefallene, exotische und seltene genauso wie bekannte, beliebte und häufige Namen. Geordnet sind sie alphabetisch. Varianten eines Namens, die im Alphabet direkt aufeinanderfolgen, sind zu einem Eintrag zusammengefasst. Ist ein Name als „Variante von" ohne zusätzliche Herkunftsangabe erklärt, so hat er dieselbe Herkunft wie der ursprüngliche Name.

A

Aaliyah Variante von → Aliya.

Aaltje Friesische, norddeutsche und niederländische Kurzform von → Adelheid.

Abby Englische Kurzform von → Abigail.

Abebi Afrikanisch. Die Ersehnte.

Abelena, Abelene, Abelina Erweiterte Formen von Abela, einer norddeutschen Kurzform von → Apollonia oder → Adalberta.

Abelone Dänische und norwegische Form von → Apollonia.

Abena Afrikanisch. Die am Dienstag Geborene.

Abigail Hebräisch. Vaterfreude, Quell der Freude.

Abijah Hebräisch. Mein Vater ist Gott.

Abiona Afrikanisch. Die während einer Reise Geborene. *Auch männlicher Vorname.*

Abra Hebräisch, weibliche Form von → Abraham. Mutter der Menge.

Ada 1. Kurzform von Vornamen mit Adel-. 2. Hebräisch. Die Geschmückte.

25 BIBLISCHE MÄDCHENNAMEN

Ada, Anna, Batseba, Debora, Delila, Elisabeth, Esther, Eva, Hanna, Jael, Jiska, Johanna, Judith, Julia, Lea, Lilith, Magdalena, Maria, Martha, Mirjam, Naomi, Rahel, Rebekka, Sarah, Tabea.

Adalberta Althochdeutsch. Edel und glänzend.

Adalie Koseform von → Adela, → Adelheid.

Adama Hebräisch. Mensch.

Adamina Erweiterte Form von → Adama.

Adara Hebräisch. Die Edle, Noble.
Adela, Adele Kurzformen von → Adelheid.
Adelheid Althochdeutsch. Edel und Art und Weise.
Adelina Koseform von → Adela.
Adeline Koseform von → Adela.
Adelmut Althochdeutsch. Edel und Mut.
Adeltraud, Adeltrud Althochdeutsch. Edel und Kraft/Stärke.
Adia Afrikanisch. Gabe, Geschenk.
Adina Hebräisch. Die Weiche.
Aditi Indisch. Die Freie, Ungebundene.
Adonia Hebräisch. Herrscherin.
Adorata Lateinisch. Die Verehrte.
Adorinda Spanisch. Die Bezaubernde, Anbetungswürdige.
Adriana, Adriane Lateinisch. Die aus der Stadt Hadria Stammende.
Adrienne Englische und Französische Form von → Adriana.
Aelia Griechisch. Wirbelwind.
Afon Keltisch. Fluss.
Afra Lateinisch. Die Afrikanerin.
Agape Griechisch. Liebe.
Agascha Russische Koseform von → Agathe.
Agatha, Agathe Griechisch. Die Gute.
Agda Schwedische Form von → Agathe.
Agia Griechisch. Die Heilige.
Aglaia Griechisch. Pracht, Glanz.
Agnes Griechisch. Die Keusche, Reine.
Agnese Italienische Form von → Agnes.
Agneta, Agnete Erweiterte Formen von → Agnes.
Ahulani Hawaiisch. Himmlischer Schrein.
Aida Arabisch. Mondlicht.
Aika Friesische Variante von → Eika.
Aiko Japanisch. Kind der Liebe.
Aila 1. Finnisch. Die Erhabene. 2. Finnische Form von → Helena.

Aileen Englische Form von → Helena.
Ailis Irische Form von → Alice.
Aimée Französisch. Die Geliebte.
Aina, Aino Finnisch. Die Einzige.
Aischa Arabisch. Die Lebende.
Aislinn Irisch. Traum, Vision.
Aiyana Indianisch. Ewige Blume.
Aja Italienisch. Erzieherin, Hüterin.
Akako Japanisch. Die Rote.
Aki Japanisch. Herbst.
Akiko Japanisch. Herbstkind.
Akulina Russisch. Adler.
Alamea Hawaiisch. Die Reife, Wertvolle.
Alana Irisch. Liebes Kind.
Alanis Variante von → Alana.
Alaula Hawaiisch. Abendrot. *Auch männlicher Vorname.*
Alba Lateinisch. Die Weiße, Helle.
Alberta Kurzformen von → Adalberta.
Albertina, Albertine Kurzformen von → Adalberta.
Albrun, Albrune Althochdeutsch. Elfe,/Naturgeist und Geheimnis.
Alda Kurzform von Vornamen mit Adel-.
Aldina, Aldine Erweiterte Formen von → Alda.
Alea Friesische Kurzform von → Adelheid.
Alena, Alene Slawische und ungarische Kurzformen von → Magdalena.
Alencia Russische Variante von → Helena.
Alenka Russische Variante von → Helena.
Alessandra Italienische Form von → Alexandra.
Alessia Italienische Variante von → Alexandra.
Aletta, Alette Friesische Kurzformen von → Adelheid.
Alev Türkisch. Flamme. *Auch männlicher Vorname.*
Alexa Kurzform von → Alexandra.

> **IM FOKUS: ALEXANDRA**
>
> Alexandra ist nicht das Richtige für euer Kind? Aber vielleicht gefällt euch eine Neben-, Kose- oder Kurzform dieses Namens?
> Hier findet ihr Varianten aus den unterschiedlichsten Sprachen:
>
> Alexa, Alexia, Alexis, Andra, Lexa, Sandra, Sandria (Neben- und Kurzformen), Alja, Sanja, Sascha, Schura (russisch), Alla (schwedisch), Alessandra, Alessia (italienisch).

Alexandra   Griechisch. Beschützerin, Verteidigerin.
Alexia   Variante von → Alexandra.
Alexis   Variante von → Alexandra. *Auch männlicher Vorname.*
Alfa   Weibliche Form von → Alf.
Alice   Englische und französische Kurzform von → Adelheid.
Alicia   Spanische Form von → Alice.
Alida   Norddeutsche Kurzform von → Adelheid.
Alika   Afrikanisch. Mädchen, das alle an Schönheit übertrifft.
Alima   Arabisch. Die Weise.
Alina   Russische Form von → Helena.
Alisa   Althochdeutsche und niederländische Variante von → Alice.
Alison   Englische und französische Kurzform von → Alice.
Alissa   Russische Form von → Alice.
Alita   Koseform von → Adelheid.
Alix   Französische Kurzform von → Alice.
Aliya   Arabisch. Die Erhabene.
Alja   Russische Kurzform von → Alexandra. *Auch männlicher Vorname.*
Alke, Alkje   Norddeutsche Kurzformen von Vornamen mit Adel-.
Alla   Schwedische Kurzform von → Alexandra.
Allegra   Italienisch. Die Fröhliche, Heitere.
Alletta   Schwedische Form von → Adelheid.
Ally   Englische Kurzform von → Alice, → Alison.

Alma   1. Italienisch. Die Nährende, Fruchtbare.
    2. Kurzform von Vornamen mit Amal-.
Almud, Almut, Almuth   Varianten von → Adelmut.
Aloisia   Althochdeutsch. Die vollkommen Weise.
Alondra   Spanisch. Lerche.
Althea   Griechisch. Die Heilende.
Altje   Friesische, norddeutsche und niederländische Kurzform von
    → Adelheid.
Alva   1. Skandinavisch. Fee, Elfe. 2. Lateinisch. Die Weiße.
Ama   Baskisch. Mutter.
Amabel, Amabelle   Französisch. Die Liebenswerte.
Amalia, Amalie   Kurzformen von Vornamen mit Amal-, z. B. Amalberga,
    Amalgunde (beide althochdeutsch. Nach dem gotischen Volk der
    Amaler und schützen).
Amanda   Lateinisch. Die Liebenswürdige.
Amarantha   Lateinisch. Die Unvergängliche.
Amaris   Hebräisch. Gott hat versprochen.
Amata   Lateinisch. Die Geliebte.
Amber   Englisch. Bernstein.
Ambra   Italienisch. Bernstein.
Amelia, Amelie   Lateinisch. Geht zurück auf einen römischen
    Geschlechternamen.
Amélie   Französische Form von → Amalia oder → Amelia.
Amina   Arabisch. Die Treue, Zuverlässige.
Amira   Arabisch. Prinzessin.
Amity   Englisch. Freundschaft.
Amöna, Amöne   Lateinisch. Die Anmutige.
Amrei   Süddeutsche und schweizerische Kurzform von → Annemarie.
Amy   Englische Form von → Amata.
An   1. Niederländische Form von → Anna. 2. Variante von → Anh.
Ana   Spanische Form von → Anna.
Anabel   Kurzform von → Annabella.
Anahita   Altpersisch. Die Makellose.

Anaïs Französische erweiterte Form von → Anna.
Anastasia Griechisch. Auferstehung.
Andra 1. Katalanische Form von → Andrea. 2. Kurzform von → Alexandra.
Andrea Griechisch. Die Tapfere. *In der Schweiz nur in Verbindung mit einem eindeutig weiblichen Zweitnamen zulässig.*
Andreana Erweiterte Form von → Andrea.
Anemone 1. Griechisch. Wind. 2. Nach der gleichnamigen Blume.

25 MÄDCHENNAMEN, DIE NICHT AUF -A ENDEN

Alice, Amelie, Antje, Beatrice, Birgit, Charlotte, Chloe, Denise, Dorothee, Esther, Friederike, Iris, Jasmin, Jennifer, Juliette, Karin, Lucie, Marion, Meret, Mildred, Nele, Solveig, Sophie, Stefanie, Vivian.

Aneta Polnische und tschechische Variante von → Anna.
Angela Griechisch-Lateinisch. Engel.
Angelia Erweiterte Form von → Angela.
Angelica, Angelika Erweiterte Formen von → Angela.
Angelina, Angeline Koseformen von → Angela.
Angélique Französische Form von → Angelika.
Angie Englische Koseform von → Angela, → Angelika.
Anh Vietnamesisch. Friede, Sicherheit. *Auch männlicher Vorname.*
Ania Spanische und polnische Form von → Anna.
Anica Serbische Form von → Anna.
Anik, Anika Slawische Varianten von → Anna.
Aniko Ungarische Variante von → Anna.
Anina, Anine Dänische Koseformen von → Anna.
Anissa Niederländische Variante von → Anna.
Anita Spanische und italienische Koseform von → Anna.
Aniweta Afrikanisch. Die vom Geist Ani Gebrachte. *Auch männlicher Vorname.*

Anja Russische Form von → Anna.
Anjuscha Russische Koseform von → Anna.
Anka Polnische und tschechische Kurzform von → Anna.
Anke Friesische Kurzform von → Anna.
Ann Englische Form von → Anna.
Anna Griechische Form von → Hannah.

IM FOKUS: ANNA

Anna ist nicht das Richtige für euer Kind? Aber vielleicht gefällt euch eine Neben-, Kose- oder Kurzform dieses Namens?
Hier findet ihr Varianten aus den unterschiedlichsten Sprachen:

Anni, Anny, Änne, Nana, Nane, Nanna, Nanne (Neben- und Kurzformen), An (niederländisch), Ana (spanisch, slawisch), Anaïs, Anne, Annett, Annette, Anouk, Nanette, Nanon (französisch), Anneli, Annelie (süddeutsch), Aneta, Anka (polnisch, tschechisch), Ania (polnisch, tschechisch), Anica (serbisch), Anika (slawisch), Aniko (ungarisch), Anina, Anine (dänisch), Anita (spanisch, italienisch), Anja, Anjuscha, Anissa, Anuscha, Anuschka (russisch), Anka (slawisch), Ann, Anne, Annie, Nancy (englisch), Anneke (friesisch, niederländisch), Anneli (finnisch), Annika (schwedisch), Annina (italienisch), Anke, Antina, Antine, Antje (friesisch), Hanna, Hannah (hebräisch).

Annabell, Annabella Zusammensetzung aus → Anna und → Bella.
Annabeth Zusammensetzung aus → Anna und → Elisabeth.
Annalena, Annalene Zusammensetzung aus → Anna und → Lena.
Annamaria, Annamarie Zusammensetzung aus → Anna und → Maria.
Annbritt Schwedische Zusammensetzung aus → Anna und → Brigitte.
Annchristin Zusammensetzung aus → Anna und → Christine.
Anne 1. deutsche Variante von → Anna. 2. Englische und französische Variante von → Anna.
Änne Nebenform von → Anna.

Annedore Zusammensetzung aus → Anne und → Dorothea.
Annegret Zusammensetzung aus → Anne und → Margarete.
Annekathrin, Annekatrin Zusammensetzung aus → Anne und → Kathrin.
Anneke Friesische und niederländische Koseform von → Anna.
Anneli, Annelie Süddeutsche Koseform von → Anna.
Annelies, Anneliese, Annelis, Annelise Zusammensetzung aus → Anne und → Elisabeth.
Annelore Zusammensetzung aus → Anne und → Lore.
Annemarie Zusammensetzung aus → Anne und → Marie.
Annemie Koseform von → Annemarie.
Annemieke Norddeutsche Koseform von → Annemarie.
Annerose Zusammensetzung aus → Anne und → Rose.
Annett, Annette Französische Koseformen von → Anna, → Anne.
Anni, Annie Koseformen von → Anna.
Annik Variante von → Annika.
Annika Schwedische Koseform von → Anna.
Annina Italienische Koseform von → Anna.
Ann-Kathrin, Annkathrin, Ann-Katrin, Annkatrin Zusammensetzung aus → Anna und → Kathrin.
Annunziata Italienisch. Die Angekündigte, Verkündigte.
Anny Koseform von → Anna.
Anouk Französische Koseform von → Anna.
Anselma Althochdeutsch. Gott und Helm.
Anthea Griechisch. Die Blumige.
Antina, Antine Friesische Varianten von → Anna.
Antje Friesische und niederländische Koseform von → Anna.
Antoinette Französische Koseform von → Antonia.
Antonella Italienische Koseform von → Antonia.
Antonia, Antonie Lateinisch. Geht zurück auf einen römischen Geschlechternamen.
Antonietta Italienische Koseform von → Antonia.
Anuscha, Anuschka Slawische Koseformen von → Anna.
Anzu Japanisch. Aprikose.

Aoife   Irisch. Die Schöne, Strahlende.

Aolani   Hawaiisch. Wolke.

Apollonia   Griechisch. Die dem Gott Apollo Geweihte.

Aponi   Indianisch. Schmetterling.

April   Englisch. Nach dem gleichnamigen Monat.

Arabella   Herkunft und Bedeutung unklar, eventuell zu Lateinisch/Spanisch „kleine Araberin".

Aradis   Nordisch. Göttin und Adler.

Aranka   Ungarisch. Gold.

Areta, Aretha   Amerikanisch, griechischer Herkunft. Die Vortreffliche.

Aria   Niederländische Kurzform von → Adriane.

Ariadne   Griechisch. Die Liebende.

Ariana   Lateinisch. Die aus (H)adria Stammende.

Ariane   1. Französische Form von → Ariadne. 2. Niederländische Form von → Adriana.

Ariella   Italienisch. Heldin Gottes.

Arielle   Französische Form von → Ariella.

Arina   Niederländische Variante von → Ariane.

Arista   Griechisch. Die Beste.

Arlene   Englisch/Irisch. Kind.

Arndis   Skandinavisch. Adler und Schutzgöttin.

Arnika   1. Ungarisch. Adler und herrschen. 2. Nach der gleichnamigen Blume.

Artemis   Griechisch. Nach der Griechischen Göttin der Jagd.

Artemisia   Italienische Form von → Artemis.

Artha   Indisch. Gesundheit, Reichtum.

Aruna   Indisch. Morgendämmerung.

Arundhati   Indisch. Stern.

Arwen   Walisisch. Edle Frau.

Arya   Niederländische Kurzform von → Adriane.

Asa   Skandinavisch. Göttin.

Asha   Indisch. Sehnsucht, Hoffnung.

Ashley Englisch. Bewohnerin der Eschenweide. *Auch männlicher Vorname.*
Ásidís Isländisch. Göttin.
Asina Variante von → Asa.
Asja Russische Kurzform von → Anastasia.
Aslaug Skandinavisch. Gott und rechtes Maß/Ordnung.
Asma Arabisch. Die Anmutige, Hübsche.
Aspasia Griechisch. Die Willkommene.
Assunta Italienisch. Die in den Himmel Aufgenommene.
Asta Kurzform von → Anastasia, → Astrid, → Augusta.
Astrid Schwedisch. Gott und schön.
Atalanta, Atalante Griechisch. Die im Gleichgewicht Lebende.
Athanasia Griechisch. Die Unsterbliche.
Athena Griechisch. Nach der griechischen Göttin der Weisheit.
Atlanta 1. Variante von → Atalanta. 2. Nach der gleichnamigen amerikanischen Stadt.
Audrey Englische Form von → Adeltraud.
Augusta, Auguste Lateinisch. Die Erhabene.
Augustina, Augustine Erweiterte Formen von → Augusta.
Aurelia, Aurelie Lateinisch. Die Goldene, Schöne.
Aurora Lateinisch. Morgenröte.
Ava 1. Althochdeutsch. (Vermutlich) Kraft. 2. Variante von → Eva.
Avery Altenglisch. Elfenführerin. *Auch männlicher Vorname.*
Avril Französisch. April.
Awanata Indianisch. Schildkröte.
Ayame Japanisch. Iris.
Ayana Afrikanisch. Die schöne Blume.
Ayla Hebräisch. Eiche.
Aylin Türkisch. Mond und Licht.
Aziza Arabisch. Die Kostbare, Geliebte.

B

Babett Französische Koseform von → Barbara.
Babetta Italienische Koseform von → Barbara.
Babette Französische Koseform von → Barbara.
Babs Koseform von → Barbara.
Bahar Persisch. Frühling.
Bala Indisch. Kleines Kind. *Auch männlicher Vorname.*
Balbina, Balbine Lateinisch. Die Stammelnde.
Bambalina Italienisch. Kleines Kind.
Bao Chinesisch. Schatz. *Auch männlicher Vorname.*
Barb Englische Kurzform von → Barbara.
Barbara Griechisch. Die Fremde.

IM FOKUS: BARBARA

Barbara ist nicht das Richtige für euer Kind? Aber vielleicht gefällt euch eine Neben-, Kose- oder Kurzform dieses Namens?
Hier findet ihr Varianten aus den unterschiedlichsten Sprachen:

Babs, Bärbel, Barberina, Barberine, Barbi, Barbie (Neben- und Kurzformen), Babett, Babette (französisch), Barb (englisch), Barbe (französisch), Barbra (englisch, niederländisch, norwegisch), Barbro (skandinavisch), Warwara (russisch).

Barbe Französische Kurzform von → Barbara.
Bärbel Koseform von → Barbara.
Barberina, Barberine Varianten von → Barbara.
Barbi, Barbie Koseformen von → Barbara.
Barbra Englische, niederländische und norwegische Form von → Barbara.

Barbro Skandinavische Kurzform von → Barbara.

Bathsheba Hebräisch. Tochter der Fülle.

Batya Hebräisch. Tochter Gottes.

Bea Kurzform von → Beate.

Beata, Beate Lateinisch. Die Glückliche.

Beatrice Italienische Form von → Beatrix.

Beatrix Lateinisch. Die Glückliche.

Becki, Becky Kurzformen von → Rebekka.

Bel Indisch. Apfelbaum.

Belinda, Belinde Englisch, vermutlich italienischen Ursprungs. Die Schöne.

Belisa Zusammensetzung aus → Bella und → Lisa.

Bella 1. Kurzform von → Isabella, → Arabella. 2. Italienisch. Die Schöne.

Benedetta Italienische Form von → Benedikta.

Benedikta Lateinisch. Die Gesegnete.

Benigna Lateinisch. Die Gütige.

Benita Spanische Form von → Benedikta.

Berenike Griechisch. Die Siegbringende.

Bergit, Bergita Varianten von → Birgit.

Berit Skandinavische Variante von → Birgit, → Brigitte.

Bernadette Französische Koseform von → Bernharda.

Bernarda Englische, französische und niederländische Form von → Bernharda.

Bernharda, Bernharde, Bernhardine Alhochdeutsch. Bär und stark.

Berta, Berte, Bertha Kurzformen von Vornamen mit Bert-, z. B. Berthild (Althochdeutsch. Glänzend und Kampf), Bertfriede (Althochdeutsch. Gänzend und Friede).

Bertina Erweiterte Form von → Berta.

Beryl Englisch. Nach dem Edelstein Beryll.

Bess, Bessie, Bessy Englische Kurzformen von → Elisabeth.

25 EINSILBIGE MÄDCHENNAMEN

Ann, Bess, Björk, Britt, Claire, Dawn, Fee, Grit, Jill, Joy, June, Kate, Kay, Kim, Lee, Liv, Liz, Lou, Lynn, Mae, Maj, Maud, Ruth, Siv, Sue.

Bethany   Aramäisch. Haus der Armut.
Bethli, Bethly   Schweizerische Kurzformen von → Elisabeth.
Betsy   Englische Kurzform von → Elisabeth.
Betta, Bette, Betti, Betty   Kurzformen von → Elisabeth.
Bettina   Variante von → Elisabeth.
Betty   Kurzform von → Elisabeth.
Bianca, Bianka   Italienisch. Die Weiße.
Bibiana, Bibiane   Varianten von → Viviane.
Bibigul   Russisch. Nachtigall.

BIENE – TOP ODER FLOP?

Bine oder Biene sind häufige Abkürzungen von Sabine. Aber Biene als alleiniger Vorname? Das geht, entschied das Amtsgericht Nürnberg im Jahr 2000. Hoffen wir, dass die kleine Biene mit zweitem Vornamen nicht Maja heißt ...

Biljana   Slawisch. (Vermutlich) Pflanze, Blüte.
Billa, Bille   Kurzformen von → Sibylle.
Bina, Bine   Kurzformen von → Sabina, → Sabine.
Binah   Hebräisch. Weisheit.
Binh   Vietnamesich. Die Frieden Bringende.
Binti   Afrikanisch. Tochter.
Bionda   Italienisch. Die Blonde.
Birdie   Englisch. Kleiner Vogel.

Birgit Variante von → Birgitta.
Birgitta Schwedisch. Helferin, Schützerin.
Birke, Birka Althochdeutsch. Die Glänzende.
Birla Skandinavisch. Kleiner Bär.
Birte, Birthe Dänische Kurzformen von → Birgitta.
Bitki Türkisch. Pflanze.
Björk Isländisch. Birke.
Blake Englisch. Der Schwarze. *Auch männlicher Vorname.*
Blanche Französisch. Die Weiße.
Blanchette Koseform von → Blanche.
Blanda Lateinisch. Die Freundliche, Reizende.
Blandina, Blandine Erweiterte Formen von → Blanda.
Blanka Spanisch. Die Weiße.
Blia Schwedisch. Die Sanfte.
Blomma Schwedisch. Blume.
Blossom Englisch. Blüte.

BO – TOP ODER FLOP?

Bo ist ursprünglich ein skandinavischer Jungenname. Trotzdem entschied das Oberlandesgericht Köln, dass auch ein Mädchen Bo heißen darf, wenn es einen weiteren, eindeutig weiblichen Vornamen erhält.

Bo Dänisch und schwedisch. Der Sesshafte.
Bodil Skandinavisch. Die in die Schlacht Ziehende.
Bogdana Russisch. Die von Gott Gegebene.
Bona Lateinisch. Die Gute.

BORUSSIA – TOP ODER FLOP?

Darf ein Mädchen Borussia heißen? Nein, entschied das Amtsgericht Kassel im Jahr 1996.

Branda   Kurzform von Hildebrand (Althochdeutsch. Kampf und Feuer).
Branka   Slawisch. Ruhm.
Branwen   Keltisch. Schöner Rabe.
Brenda   Englische Form von → Branda.
Bridget, Bridgit   Englische Form von → Brigitte.
Briga, Brigga   Kurzformen von → Brigitte.
Brigida, Brigide   Latinisierte Formen von → Brigitte.
Brigit   Englische Form von → Brigitte.
Brigitta, Brigitte   Keltisch. Die Erhabene.
Brit   Kurzform von → Birgitta.
Britney, Brittaney, Brittney   Englische Formen von → Britannia.
Britannia   Lateinisch. Die von der Insel Britannien Stammende.
Britt, Britta   Kurzformen von → Birgitta.
Bronja   Kurzform von → Bronislawa.
Bronislawa   Slawisch. Kampf und Ruhm.
Bronwen   Walisisch. Weiße Brust.
Brooke   Englisch. Die vom Bach. *Auch männlicher Vorname.*
Bruna   Weibliche Form von → Bruno. Die Braune.
Brunhild, Brunhilde   Althochdeutsch. Brustpanzer und Kampf.
Bruni   Kurzform von → Brunhilde.
Bruntje   Ostfriesische Kurzform von → Brunhilde.
Burga, Burgel   Kurzformen von Vornamen mit Burg- oder -burg.
Burghild, Burghilde   Althochdeutsch. Schutz/Zuflucht und Kampf.

Cäcilia, Cäcilie Lateinisch. Geht zurück auf einen römischen Geschlechternamen.
Caitlin Irische Form von → Katharina.
Caja Kurzform von → Katharina.
Calantha, Calanthe Griechisch. Schöne Blume.
Calida Spanisch. Begeisterung.
Calista Variante von → Callista.
Calla Schwedische Kurzform von → Karoline.
Callista Lateinisch. Die Schöne.
Cameron Schottisch-gälisch. Schiefe Nase, Name eines schottischen Clans. *Auch männlicher Vorname.*
Camilla Italienisch. Geht zurück auf einen römischen Geschlechternamen.
Camille Französische Form von → Camilla. *Auch männlicher Vorname.*
Canan Türkisch. Die Geliebte.
Candice Englische Form von → Candida.
Candida Lateinisch. Die Helle, Glänzende, Reine.
Candra Indisch. Die Mondgleiche.
Candy Englische Kurzform von → Candida.
Caprice Französisch. Laune, Einfall.
Caprina Italienisch. Die von der Insel Capri Stammende.
Cara 1. Lateinisch. Die Liebe, Teure. 2. Gälisch. Freundin.
Caramia Italienisch. Meine Geliebte, meine Liebe.
Carey Irisch. Geht zurück auf einen Familiennamen.
Carianne Variante von → Karianne.
Carice Niederländisch. Die Wohlklingende.
Carin Variante von → Karin.
Carina 1. Erweiterte Form von → Cara. 2. Variante von → Karin.
Caritas Lateinisch. Nächstenliebe.

Carla   Variante von → Karla.
Carlota   Spanische und portugiesische Form von → Charlotte.
Carlotta   Italienische Form von → Charlotte.
Carmel   Hebräisch. Die dem Garten Verbundene.
Carmela, Carmelia, Carmelina   Spanische Varianten von → Carmen oder → Carmel.
Carmen   Spanisch. 1. Jungfrau vom Berg Karmel. 2. Gedicht, Gesang.
Carmina, Carmine   Erweiterte Formen von → Carmen.
Carna   Hebräisch. Horn.
Carol   Englische Form von → Caroline.
Carola   Latinisierte Form von → Karla.
Carolin, Carolina, Caroline   Erweiterte Formen von → Carola.
Caron   Irisch. Die Liebenswerte.
Carrie   Englische Kurzform von → Carola.
Carsta   Variante von → Karsta.
Caryl   Walisisch. Geliebte.
Casey   Irisch. Die Tapfere, Wachsame. *Auch männlicher Vorname.*
Cassandra   Variante von → Kassandra.
Cassia   Lateinisch. Geht zurück auf einen römischen Geschlechternamen.
Casta   Lateinisch. Die Keusche.
Catalina   Spanische Variante von → Katharina.
Catarina   Variante von → Katharina.
Cateline   Französische Variante von → Katharina.
Caterina   Italienische Form von → Katharina.
Catherine   Englische Form von → Katharina.
Cathérine   Französische Form von → Katharina.
Cathleen   Irische Form von → Katharina.
Catriona   Schottische Form von → Katharina.
Ceara   Irisch. Speer.
Cécile   Französische Form von → Cäcilia.
Cecilia   Italienische Form von → Cäcilia.
Cecily   Englische Form von → Cäcilia.
Celeste   Italienische Form von → Cölestine.

Célestine Französische Form von → Cölestine.
Celestina Erweiterte Form von → Celeste.
Celia Lateinisch. Geht zurück auf einen römischen Geschlechternamen.
Celina, Celine Erweiterte Formen von → Celia.
Cella, Cellina Kurzformen von → Marcella.
Cendrine Französisch. Die Aschfarbene.
Chanda, Chandra Indisch. Mond.
Chantal Französisch. Geht zurück auf Die Heilige Jeanne Françoise Frémyot de Chantal.
Charis Griechisch. Anmut, Liebreiz.
Charlotte Französische Form von → Karla.
Charmaine Französisch. Die Charmante.
Chelsea Englisch. Geht zurück auf den gleichnamigen Londoner Stadtteil.

CHELSEA – TOP ODER FLOP?

Darf ein Mädchen „Chelsea" als alleinigen Vornamen tragen?
Ja, entschied das Oberlandesgericht Hamm im März 1995.

Chenoa Indianisch. Weiße Taube.
Cherie Französisch. Liebling.
Cheyenne Amerikanisch. Nach dem gleichnamigen Indianerstamm.

CHEYENNE – TOP ODER FLOP?

Am 1. März 1995 fiel in München das Urteil: Cheyenne ist als Vorname für ein Mädchen zulässig.

Chiara Italienische Form von → Klara.

Chilali Indianisch. Schneevogel.

Chilia, Chilja Russische Varianten von → Rahel, Rachel.

Chinara Afrikanisch. Die von Gott Empfangene.

Chloe Griechisch. Erster Pflanzentrieb, junger Keim.

Chloris Variante von → Chloe.

Chlothilde Variante von → Klothilde.

Chris Kurzform von → Christa, → Christina, → Christiana.
Auch männlicher Vorname.

Christa Kurzform von → Christiana.

Christabel Zusammensetzung aus → Christa und → Bella.

Christel Kurzform von → Christa, → Christina, → Christiana.
Auch männlicher Vorname.

Christiana, Christiane Lateinisch, griechischer Herkunft. Die Christin, Die Gesalbte.

Christie Englische Kurzform von → Christina, Christine.

Christin Variante von → Christina.

Christina, Christine Varianten von → Christiana.

Christy Englische Kurzform von → Christina, Christine.

Chrysantha Griechisch. Goldblume.

Cia Kurzform von → Lucia.

Ciara Keltisch. Dunkle Prinzessin.

Ciel Französisch. Die Himmlische.

Cilia Kurzform von → Cäcilia.

Cilla Schwedische Kurzform von → Cäcilia.

Cinderella Englischer Name für „Aschenputtel".

Cindy Englische Kurzform von → Cinderella, → Cynthia.

Cinzia Italienische Form von → Cynthia.

Cissy Englische Kurzform von → Cäcilia.

Claire Französische Form von → Klara.

Clara Variante von → Klara.

Cläre Variante von → Klara.

Clarelia Erweiterte Form von → Klara.

Claretta Italienische Koseform von → Klara.

Clarice Englische Variante von → Klara.

Clarina, Clarine Erweiterte Formen von → Klara.

Clarinda, Clarinde Erweiterte Formen von → Klara.

Clarissa, Clarisse Erweiterte Formen von → Klara.

Clarita Spanische Kurzform von → Klara.

Claude Französische Form von → Claudia. *Auch männlicher Vorname.*

Claudette Französische Koseform von → Claudia.

Claudia Lateinisch. Geht zurück auf einen römischen Geschlechternamen.

25 TRADITIONELLE MÄDCHENNAMEN

Anna, Antonia, Caroline, Clara, Elisabeth, Emma, Eva, Franziska, Friederike, Johanna, Josefine, Karla, Katharina, Lisa, Lotte, Luise, Martha, Maria/Marie, Marlene, Mathilda/Mathilde, Paula, Pia, Sophie, Theresa, Viktoria.

Claudine Französische erweiterte Form von → Claudia.

Clea Griechisch. Die Berühmte.

Clematis Nach der gleichnamigen Blume.

Clementia Lateinisch. Die Milde, Gnädige.

Clementina, Clementine Erweiterte Formen von → Clementia.

Cleo Kurzform von → Kleopatra.

Clio Griechisch. Ich rühme.

Clivia Nach der gleichnamigen Blume.

Clorinda, Clorinde Griechisch. Junger Spross, erster Pflanzentrieb.

Clothilde Variante von → Klothilde.

Coco Kurzform von Vornamen mit Co-.

Cölestine Lateinisch. Die Himmlische.

Coletta Italienische Koseform von → Nicoletta.

Colette Französische Koseform von → Nicolette.

Colleen Irisch. Mädchen.
Columba, Columbina Lateinisch. Taube.
Concetta Italienisch. Empfängnis.
Conchita Spanische Form von → Concetta.
Connie, Conny Kurzformen von → Cornelia, → Konstanze.
Constanze Variante von → Konstanze.
Consuelo Spanisch. Trost.
Cora 1. Griechisch. Mädchen, Tochter. 2. Kurzformen von → Cordula, → Cordelia, → Cornelia.
Coralie Niederländisch. Koralle.
Cordelia Varianten von → Cordula.
Cordula Lateinisch. Herzchen.
Coretta Erweiterte Form von → Cora.
Corina, Corinna Erweiterte Formen von → Cora.
Cornelia Lateinisch. Geht zurück auf einen römischen Geschlechternamen.
Corona Lateinisch. Kranz, Krone.
Corvina Lateinisch. Kleiner Rabe.
Cosetta, Cosette Französische Koseformen von → Nicole.
Cosima Lateinisch. Die Wohlgeordnete, Sittliche.
Courteney, Courtney Englisch, altfranzösischen Ursprungs. Geht zurück auf einen Ortsnamen in Nordfrankreich.
Crescentia Lateinisch. Die Wachsende.
Cressida Griechisch. Die Goldene.
Cynthia Griechisch. Die vom Berge Cynthos Stammende.
Cyprienne Französisch. Die aus Zypern Stammende.

Dacia Griechisch. Die aus Dakien Stammende.
Dafina Variante von → Daphne.
Dafne Italienische Form von → Daphne.
Dagmar Dänisch. Berühmter Tag.
Dagny Schwedisch. Neuer Tag.
Dahlia Englisch. Dahlie.
Dai Japanisch. Die Große.
Daisy Englisch. Gänseblümchen.
Dajana 1. Arabisch. Amme. 2. Varianten von → Diana.
Dakota Amerikanisch. Nach dem gleichnamigen Indianerstamm.
Dalia Hebräisch. Rose.
Dalila, Dalilah Hebräisch. Die Sehnende.
Damaris Griechisch. Gattin, Geliebte.
Damiana Griechisch. Die aus dem Volk.
Dana 1. Kurzform von → Daniela. 2. Kurzform von slawischen Vornamen, die auf -dana enden. 3. Keltisch. Die Dänin. *Auch männlicher Vorname.*
Danaila Slawische Form von → Daniela.
Danela Russische Variante von → Daniela.
Danella, Danelle Englische Varianten von → Daniela.
Dani Koseform von → Daniela.
Dania Slawische Kurzform von → Daniela.
Danica Slawisch. Morgenstern.
Danice Englische Variante von → Daniela.
Daniela Hebräisch. Mein Richter ist Gott.
Daniella Italienische Form von → Daniela.
Danielle Französische Form von → Daniela.
Danika 1. Slawisch. Morgenstern. 2. Kroatische und serbische Variante von → Daniela.

Danila Slawische Form von → Daniela.
Danja Slawische Kurzform von → Daniela
Danny Englische Koseform von → Daniela.
Danuta Polnische Form von → Daniela.
Danuwa Afrikanisch. Enge Freundin.
Dany Englische und französische Koseform von → Daniela.
Daphne Griechisch. Lorbeer, Lorbeerbaum.
Darcy Irisch. Die Dunkelhaarige. *Auch männlicher Vorname.*
Daria Lateinisch. Die Mächtige.
Darja Slawische Form von → Daria.
Davida, Davina Hebräisch. Die Geliebte, Liebende.
Dawn Englisch. Morgendämmerung, Tagesanbruch.
Daya Hebräisch. Vogel.
Dayana Variante von → Dajana.
Dea Lateinisch. Göttin.
Debbie Englische Kurzform von → Deborah.
Debora, Deborah Hebräisch. Biene.
Debra Englische Kurzform von → Deborah.
Deda Friesische Koseform von Vornamen mit Diet-.
Deetje Friesische Koseform von Vornamen mit Diet-.
Deike Norddeutsche Kurzform von Vornamen mit Diet-.
Deirdre Irisch. Die Kummervolle.
Dela, Dele Kurzformen von → Adele.
Delia Griechisch. Die von der Insel Delos Stammende.
Delila, Delilah Varianten von → Dalila.
Delphine Französisch, griechischer Herkunft. Delphin.
Demetra Griechisch. Die der Göttin Demeter Geweihte.
Denise Französisch, griechischer Herkunft. Die dem Gott Dionysos Geweihte.
Deniz Türkisch. Die zum Meer Gehörige. *Auch männlicher Vorname.*
Derya Persisch. Ozean.
Désirée Französisch. Die Erwünschte, Ersehnte.

Despina Griechisch. Herrin, Gebieterin.
Deta, Detje, Dette Norddeutsche Kurzformen von Vornamen mit Diet-.
Deva Indisch. Die Göttliche. Name der Mondgöttin.
Diamond Englisch. Diamant.
Diana, Diane Lateinisch. Nach der römischen Göttin der Jagd.
Diandra Zusammensetzung aus → Diana und → Alexandra.
Dianne Französische Variante von → Diane.
Diantha Griechisch. Blume des Zeus.
Dido Griechisch, phönizischer Herkunft. Mondgöttin.
Dietburg Althochdeutsch. Volk und Schutz.
Diethild, Diethilde Althochdeutsch. Volk und Kampf.
Dietlind, Dietlinde Althochdeutsch. Volk und Lindenholzschild.
Dietmut Althochdeutsch. Volk und Mut.
Dietrun Althochdeutsch. Volk und Geheimnis.
Dija Russisch. Eintracht.
Dilia Kurzform zu → Odilia.
Dina 1. Kurzform von Vornamen, die auf -dina, -dine enden.
   2. Hebräisch. Die Recht bekommen hat.
Dionne Englisch, griechischen Ursprungs. Geht zurück auf den griechischen Gott Dionysos.
Diotima Griechisch. Gott (Zeus) zur Ehre.
Djamila Arabisch. Die Schöne.
Doda, Dodo Koseformen von → Dorothea.
Dolitta Spanische Variante von → Dorothea.
Dolly Englische Koseform von → Dorothea.
Dolores Spanisch. Die Schmerzensreiche.
Domenica Italienische Form von → Dominika.
Dominika Lateinisch. Die dem Herrn (Jesus Christus) Gehörende.
Dominique Französische Form von → Dominika.
   Auch männlicher Vorname.
Domka Russische Kurzform von → Dominika.
Donata, Donate Lateinisch. Geschenk Gottes.

Donatella Italienische Koseform von → Donata.
Donatienne Französische Form von → Donata.
Donka Russische Kurzform von → Dominika.
Donna Italienisch. Frau.
Dora, Dore Kurzformen von → Dorothea, → Theodora.
Dorée Französisch. Die Goldene.
Doreen Englische Kurzform von → Dorothea.
Dorette Englische und französische Koseform von → Dorothea.
Dorina Ungarische Form von → Dorothea.
Doris 1. Griechisch. Gabe des Meeres. 2. Kurzform von → Dorothea.
Dorit Deutsche und englische Kurzform von → Dorothea.
Dorita Spanische Koseform von → Dorothea.
Dorkas Griechisch. Gazelle.
Dorota Polnische Form von → Dorothea.
Dorotea Italienische und spanische Form von → Dorothea.
Dorothea, Dorothee Griechisch. Gottesgeschenk.
Dorothée Französische Form von → Dorothea.
Dorothy Englische Form von → Dorothea.
Dorret, Dorrit Englische Kurzformen von → Dorothea.
Dorte, Dörte, Dorthe, Dörthe Norddeutsche und dänische Kurzformen von → Dorothea.
Dortje, Dörtje, Doortje Friesische und niederländische Kurzformen von → Dorothea.
Dotje Friesische Kurzform von → Dorothea.

25 NIEDERLÄNDISCHE MÄDCHENNAMEN

Aaltje, Anissa, Anneke, Antje, Ariane, Arina, Carice, Coralie, Dortje/Doortje, Dufina, Grietje, Femke, Hendrika/Hendrike/Hendrikje, Janeke, Josina, Karianne/Carianne, Katrijn, Lelia, Maarike, Martje, Lieke, Roos, Saskia, Talena, Teska.

Dottie, Dotty Englische Koseformen von → Dorothea.
Dragana Slawisch. Die Liebe.
Duana Irisch. Lied.
Dufina Niederländisch. Täubchen.
Dulce Spanisch. Die Süße.
Dunja Slawisch, griechischer Herkunft. Wohlgefallen, Wunsch.
Dyani Indianisch. Reh.
Dyveke Friesisch. Taube.

Ealga Irisch. Die Heldenhafte.
Ebba, Ebbe Kurzform von Vornamen mit Eber-.
Ebony Englisch. Ebenholz.
Ebru Türkisch. Augenbraue.
Ecaterina Rumänische Form von → Katharina.
Edana Irisch. Die kleine Feurige.
Edda Kurzform von Vornamen mit Ed-.
Edelgard, Edelgart Althochdeutsch. Edel und Hort/Schutz.
Edeltraud, Edeltrud Varianten von → Adeltraud.
Eden Hebräisch. Schönheit. *Auch männlicher Vorname.*
Edigna Althochdeutsch. Reichtum.
Edina Erweiterte Form von → Edna.
Edisa Afrikanisch. Schöne Frau.
Edith Englisch. Besitz und Kampf.
Editha Latinisierte Form von → Edith.
Edmea Italienische Form vom → Edmunda.

Edmunda, Edmunde Englisch. Erbgut/Besitz und Schutz der Unmündigen.

Edna Englisch, hebräischer Herkunft. Wonne, Entzücken.

Eduarde, Eduardine, Edwardina Englisch. Erbgut/Besitz und Hüter/Schützer.

Edwina, Edwine Althochdeutsch. Besitz und Freundin.

Eefje Friesische Koseform von → Eva.

Eeva Finnische Form von → Eva.

Effi Kurzform von → Elfriede.

Efrona Hebräisch. Singender Vogel.

Egeria Griechisch nach einer Figur aus der griechischen Mythologie.

Eika, Eike Norddeutsche Kurzformen von Vornamen mit Eg-, Agi-. *Eike ist auch ein männlicher Vorname.*

Eila Alte hessische Kurzform von → Elisabeth.

Eileen, Eilene Irische Formen von → Helena.

Eilis, Eilise Irische Varianten von → Elisabeth.

Eilke Friesische Koseform von → Adelheid.

Eina Schwedisch. Einzelkämpferin.

Ekaterina Russische Form von → Katharina.

Ekaterini Griechische Form von → Katharina.

Ela Kurzform von → Elisabeth, → Daniela, → Manuela.

Elaine Altfranzösische und englische Form von → Helena.

Elana Griechisch. Sonnenstrahl.

Elda Italienische Form von → Hilda.

Elea Kurzform von → Eleonora.

Eleana, Eleane Varianten von → Eleonora.

Eleanor Englische Form von → Eleonora.

Eleanora Italienische Form von → Eleonora.

Eleanore Französische Variante von → Eleonora.

Electra, Elektra Griechisch. Die Strahlende.

Elena Griechische, italienische, spanische, norwegische, rumänische, bulgarische und russische Form von → Helena.

> **IM FOKUS: ELEONORA**
>
> Eleonora ist nicht das Richtige für euer Kind? Aber vielleicht gefällt euch eine Neben-, Kose- oder Kurzform dieses Namens?
> Hier findet ihr Varianten aus den unterschiedlichsten Sprachen:
>
> Elea, Eleana, Eleane, Eleanore, Eleonore, Elina, Ella, Elli, Elly, Leonore, Lora, Lore, Nelly, Nora (Neben- und Kurzformen), Eleanor, Elinor, Elinore, Ellinor (englisch), Eleanora (italienisch), Elin, Nonna, Nonny (schwedisch).

Eleonora, Eleonore Altfranzösisch. (Vermutlich) die andere.
Elfe Kurzform von Vornamen mit Elf-.
Elfgard Althochdeutsch. Elfe/Naturgeist und Hort/Schutz.
Elfi, Elfie Kurzformen von → Elfriede.
Elfriede Althochdeutsch. Elfe/Naturgeist und Friede.
Elftraud, Elftrud Althochdeutsch. Elfe/Naturgeist und Kraft/Stärke.
Elga Skandinavische Kurzform von → Helga.
Eli Kurzform von → Elisabeth.
Eliana, Eliane Hebräisch. Mein Gott ist Jahwe.
Elida Skandinavisch. Schnell segelndes Schiff.
Elif Türkisch. Freundin.
Elin Skandinavische Form von → Helena.
Elina 1. Nebenform von → Eleonora. 2. Skandinavische Form von → Helena.
Elinor, Elinore Englische Formen von → Eleonora.
Eliora Hebräisch. Gott ist mein Licht.
Elisa Kurzform von → Elisabeth.
Elisabet Schwedische Form von → Elisabeth.
Elisabeta Rumänische Form von → Elisabeth.
Elisabeth, Elisabetha Hebräisch. Die Gott verehrt, die Gottgeweihte.
Elisabetta Italienische Form von → Elisabeth.
Elischa Hebräisch. Gott hat geholfen.
Elise Kurzform von → Elisabeth.

Elisea Variante von → Elisabeth.
Eliska Variante von → Elisabeth.
Eliza Englische Variante von → Elisabeth.
Elizabeth Englische Form von → Elisabeth.
Elja Isländisch. Die Energiegeladene.
Elke Friesische Kurzform von → Adelheid.

25 FRIESISCHE MÄDCHENNAMEN

Aletta, Anke, Antje, Dyveke, Elke, Elscha/Elsche, Fenna, Frauke, Fricka, Gesche, Gesine, Hilka, Imke, Inka/Inke, Janeke, Maike/Meike, Maren, Sieke, Silke/Silka, Stina/Stine, Swantje, Talida, Talina/Taline, Tiada/Tjada, Wiebke.

Ella Kurzform von → Elisabeth, → Eleonora, → Elfriede.
Elle 1. Kurzform von → Elisabeth, → Eleonora, → Elfriede. 2. Französisch. Sie.
Ellen Englische Variante von → Helena.
Elli, Elly Kurzformen von → Elisabeth, → Eleonora.
Ellinor Englische Form von → Eleonora.
Ellis Englische Variante von → Elisabeth.
Elma 1. Kurzform von Vornamen, die auf -elma enden, z. B. → Wilhelma. 2. Kurzform von → Elmira.
Elmas Persisch. Diamant.
Elmira Spanisch, arabischer Herkunft. Die Erhabene, Edelmütige.
Elodia Variante von → Elodie.
Elodie Französisch. Die Vollkommene.
Eloisa, Eloise Varianten von → Heloise.
Elsa Kurzform von → Elisabeth.
Elsabe, Elsabea, Elsbe Friesische Kurzformen von → Elisabeth.
Elsbeth Kurzform von → Elisabeth.
Elscha, Elsche Friesische Kurzformen von → Elisabeth.

Else Kurzform von → Elisabeth.
Elsebe, Elseke Friesische Kurzformen von → Elisabeth.
Elsie Englische Koseform von → Elizabeth.
Elsike Variante von → Elisabeth.
Elske Friesische Kurzform von → Elisabeth.
Elskea Variante von → Elisabeth.
Elsy Englische Koseform von → Elizabeth.
Elvira Spanisch, westgotischer Herkunft. Speer und Bewahrerin.
Elysia Griechisch. Die Selige.
Elyssa Variante von → Elisabeth.
Elzbieta Polnische Form von Elisabeth.
Emanuela Hebräisch. Gott ist mit uns.

EMELIE-EXTRA – TOP ODER FLOP?

Ein Extrawürstchen für die kleine Emelie. Das Schleswig-Holsteinische Oberlandesgericht erlaubte Eltern, ihre Tochter Emelie-Extra zu nennen. Als Begründung gab es an, dass das Erziehungsrecht auch das Recht zur Namenserfindung enthalte. Voraussetzung dafür sei allerdings, dass das Kind dadurch nicht herabgewürdigt werde.

Emeline Erweiterte Form von → Amalia.
Emerentia Lateinisch. Die Würdige.
Emerenz Deutsche Form von → Emerentia.
Emerita Lateinisch. Die Verdienstvolle.
Emi Kurzform von → Emilia.
Emilia, Emilie Lateinisch. Geht zurück auf einen römischen Geschlechternamen.
Emiliana Erweiterte Form von → Emilia.
Emily Englische Form von → Emilia.
Emira Arabisch. Prinzessin.
Emlyn Walisisch. Wasserfall. *Auch männlicher Vorname.*

> **EMMA TIGER – TOP ODER FLOP?**
>
> Emma Tiger heißt eine Tochter des Schauspielers Til Schweiger. Sie wurde in den USA geboren – dort war es kein Problem, den ungewöhnlichen Vornamen des Mädchens eintragen zu lassen. Anders sieht es in Deutschland aus. Hier lehnten sowohl das Amtsgericht als auch das Landgericht Hannover Tiger als Zweitnamen ab, einmal mit der Begründung, der Name gefährde das Wohl des Kindes, in zweiter Instanz, weil er nicht eindeutig weiblich sei. Das Oberlandesgericht Celle hob dieses Urteil jedoch auf und ließ den Namen Emma Tiger als weiblichen Vornamen zu. In seiner Begründung verwies das Gericht dabei ausdrücklich auf Til Schweiger, der den Namen bekannt gemacht habe. Und siehe da, Emma Tiger Schweiger ist mittlerweile selbst als Schauspielerin bekannt – allerdings nur unter dem Namen Emma Schweiger.

Emma Eigenständige Kurzform von Vornamen mit Erm- oder Irm-.
Emmelina, Emmeline Erweiterte Formen von → Emma.
Emmi, Emmy Kurzformen von → Emma, → Emilia.
Emmilotte Zusammensetzung aus → Emma und → Lotte.
Emmylou Englische Zusammensetzung aus → Emmy und → Lou.
Emy Kurzform von → Emilia.
Ena Kurzform von → Helena.
Engelberta Althochdeutsch. Stammesname der Angeln und glänzend.
Engeltraud, Engeltrud Althochdeutsch. Stammesname der Angeln und Kraft.
Enid Englisch. Reinheit.
Enrica Italienisch. Haus und Herrscher.
Enya Keltisch. Wasser des Lebens.
Eobane Griechisch. Die im Morgenrot Gehende.
Eos Griechisch. Morgenröte.
Erica, Erika Althochdeutsch. Ehre und reich.
Erin Irisch. Die aus Irland Stammende. *Auch männlicher Vorname.*
Erla Kurzform von Vornamen mit Erl-.

Erlanda Skandinavisch. Die Fremde.
Erltraud, Erltrud Althochdeutsch. Freie/Vornehme und Kraft/Stärke.
Erma Variante von → Irma.
Ermelina 1. Erweiterte Form von → Erma. 2. Variante von → Irmela.
Ermelinda Variante von → Irmlinde.
Ermengard Variante von → Irmgard.
Ermenhild, Ermenhilde Varianten von → Irmhild.
Ermentraud, Ermentrud Varianten von → Irmtraud, Irmtrud.
Ermlinde Variante von → Irmlinde.
Ermtraud, Ermtrud Varianten von → Irmtraud, Irmtrud.
Erna Kurzform von → Ernesta oder zu Vornamen mit Arn-, Ern-.
Ernesta Deutsch. Die Ernste, Gestrenge, Besonnene.
Ernestina, Ernestine Erweiterte Formen von → Ernesta.
Ersi Griechisch. Frisch wie der Morgentau.
Esma 1. Türkische und bosnische Form von → Esmeralda. 2. Arabisch. Gehör, hören.
Esmeralda Spanisch. Smaragd, Edelstein.
Esta Kurzform von → Estella.
Estella Italienische Form von → Stella.
Estelle Französische Form von → Stella.
Ester, Esther Hebräisch, persischer Herkunft. Stern.
Estrella Spanische Form von → Stella.
Ethel Englische Kurzform von Vornamen mit Edel-, Ethel-.
Etta 1. Kurzform von → Henrietta, → Marietta. 2. Variante von → Edda.
Eufemia Variante von → Euphemia.
Eugenia, Eugenie Griechisch. Die Wohlgeborene.
Eulalia, Eulalie Griechisch. Die Wohlredende, Beredte.
Eunice Englische Form von → Eunike.
Eunike Griechisch. Guter Sieg.
Euphemia, Eufemia Griechisch. Die Glückverheißende.
Eusebia Griechisch. Die Fromme, Gottesfürchtige.
Eva Hebräisch. Die Lebensspenderin.

IM FOKUS: EVA

Eva ist nicht das Richtige für euer Kind? Aber vielleicht gefällt euch eine Neben-, Kose- oder Kurzform dieses Namens?
Hier findet ihr Varianten aus den unterschiedlichsten Sprachen:

Ava, Evalina, Evaline, Evelin, Evelina, Eveline, Evelyne, Evi (Neben- und Kurzformen), Eeva (finnisch), Eve, Evelyn (englisch), Eefje, Eveke, Evke (friesisch), Evita (spanisch), Ewa (polnisch).

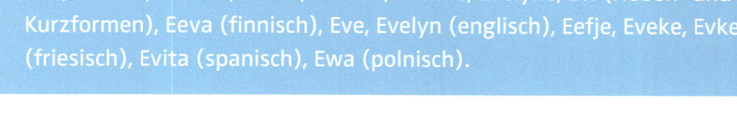

Evalina, Evaline Varianten von → Eva.
Evalotte Zusammensetzung aus → Eva und → Lotte.
Evamaria Zusammensetzung aus → Eva und → Maria.
Evan Irisch. Junge Frau, junge Kriegerin. *Auch männlicher Vorname.*
Evangelia Griechisch. Frohe Botschaft.
Evangelina, Evangeline Varianten von → Evangelia.
Evanthia Griechisch. Gute Blume.
Eve 1. Variante von → Eva. 2. Englische und französische Form von → Eva.
Eveke Friesische Koseform von → Eva.
Evelin Variante von → Eva.
Eveline, Evelina Latinisierte Formen von → Evelyn.
Evelyn Englisch, vermutlich erweiterte Form von → Eva.
Evelyne Erweiterte Form von → Eva.
Everose Zusammensetzung aus → Eva und → Rose.
Evi Kurzform von → Eva.
Evita Spanische Koseform von → Eva.
Evke Friesische Koseform von → Eva.
Evodie Griechisch. Guter Weg.
Ewa Polnische Form von → Eva.
Ewara Hebräisch. Ausgleichende Gerechtigkeit.
Eyota Indianisch. Die Größte. *Auch männlicher Vorname.*

Fabia Lateinisch. Geht zurück auf einen römischen Geschlechternamen.
Fabiana, Fabiane Erweiterte Formen von → Fabia.
Fabienne Französische Form von → Fabia.
Fabiola Erweiterte Form von → Fabia.
Fabrizia Italienisch. Geht zurück auf einen römischen Familiennamen.
Faina Griechisch. Die Strahlende.
Faith Englisch. Glaube.
Famke Friesisch. Kleines Mädchen.
Fanni, Fanny Kurzformen von → Franziska, → Stephanie.

FANTA – TOP ODER FLOP?

Darf ein Mädchen Fanta heißen? Ja, entschied das Landgericht Köln.

Farah Arabisch. Freude.
Faralda Althochdeutsch. Fahren und herrschen.
Faraya Afrikanisch. Erlösung.
Farhild, Farhilde Althochdeutsch. Fahren und Kampf.
Fariana Hebräisch. Frühlingsbeginn.
Fatima Arabisch. Die entwöhnt, die entwöhnt hat.
Fatma Türkische Form von → Fatima.
Fausta Lateinisch. Die Glückbringende.
Faustina, Faustine Erweiterte Formen von → Fausta.
Faviola Variante von → Fabia.
Faye Englisch. Fee.
Fayola Afrikanisch. Gutes Schicksal.
Federica Italienische Form von → Friederike.

Fedra   Neugriechisch. Heller Schein.
Fee   Kurzform von → Felicitas.
Felicia   Lateinisch. Die Glückliche.
Felicitas   Lateinisch. Glück, Glückseligkeit.
Felicity   Englische Form von → Felicitas.
Felina, Feline   Lateinisch. Die Glückliche.
Felizia   Englische und spanische Form von → Felicia.
Feilizitas   Variante von → Felicitas.
Femi   Afrikanisch. Liebe mich!
Femke   Niederländische Koseform von Vornamen mit Fried- oder -friede.
Fenja   Friesische Koseform von Vornamen mit Fried- oder -friede.
Fenna, Fenneke   Friesische Kurzformen von Vornamen mit Fried- oder -friede.
Feodora   Russische Form von → Theodora.
Ferdinanda, Ferdinande   Althochdeutsch. Friede und Kühnheit.
Ferike   Ungarische Form von → Friederike.
Fernanda   Spanische Form von → Ferdinanda.
Fernande   Variante von → Ferdinanda.
Fiamma   Italienisch. Flamme, Feuer.
Fidelia   Spanisch. Die Treue.
Fides   Lateinisch. Glaube.
Fieke   Norddeutsche Kurzform von → Sophie.
Fiene   Norddeutsche Kurzform von → Josefine.
Fila   Althochdeutsche Kurzform von Vornamen mit Fil-.
Filia   Lateinisch. Tochter.
Filiberta   Althochdeutsch. Viel und glänzend.
Filippa   Italienische Form von → Philippa.
Filomena   Italienische Form von → Philomena.
Fina, Fine   Kurzformen von → Josefine.
Finetta, Finette   Koseformen von → Josefine.
Finja   Skandinavisch. (Vermutlich) Finnin.
Fiona   Englisch. Die Helle, Blonde.

25 NORDISCHE MÄDCHENNAMEN

Annika, Astrid, Barbro, Birgit, Birte, Blia, Blomma, Elin, Finja, Inga, Inger, Ingrid, Jonna, Kajsa, Kerstin, Kirsten, Linnéa, Madita, Maj, Malin, Pernilla, Sigga, Siska, Svea, Tyra.

Fionella Variante von → Fiona.
Fiorella, Fioretta, Fiorina Italienisch. Blümchen.
Firmina Lateinisch. Die Starke.
Fita Kurzform von → Friederike.
Flanna Irisch. Die Rothaarige.
Flavia Lateinisch. Die Blonde.
Fleur Französische Form von → Flora.
Fleurette Koseform von → Fleur.
Fleurine Variante von → Fleur.
Flicka Schwedisch. Mädchen.
Flora Lateinisch. Blume, Blüte.
Florence Englische und französische Form von → Florentia.
Florentia Lateinisch. Die Blühende, die in hohem Ansehen Stehende.
Florentina, Florentine Erweiterte Formen von → Florentia.
Florenzia Variante von → Florentia.
Floretta, Florette Koseformen von → Flora.
Floria Variante von → Flora.
Floriana, Floriane Lateinisch. Die Blühende, Glänzende, in hohem Ansehen Stehende.
Florina, Florine Varianten von → Flora.
Florinda Spanisch. Die Blühende, Blumenreiche.
Folke Kurzform von Vornamen mit Volk-. *Auch männlicher Vorname.*
Fortuna Lateinisch. Glück, Schicksal.
Fran Englische Kurzform von → Franziska.
Franca 1. Variante von → Franka. 2. Italienische Kurzform von → Francesca.

France Französische Form von → Franka.
Frances Englische Form von → Franziska.
Francesca Italienische Form von → Franziska.
Francie Englische Kurzform von → Franziska.
Francine Französische Form von → Franka.
Francisca Spanische Form von → Franziska.
Franciska Slawische Form von → Franziska.
Françoise Französische Form von → Franziska.
Franeka, Franica Slawische Varianten von → Franziska.
Franja Slawische Kurzform von → Franziska.
Franka Deutsch. Die Freie.
Franny Englische Kurzform von → Franziska.
Frantiska Slawische Form von → Franziska.
Franzi Kurzform von → Franziska.
Franziska Lateinisch. Die kleine Französin.

IM FOKUS: FRANZISKA

Franziska ist nicht das Richtige für euer Kind? Aber vielleicht gefällt euch eine Neben-, Kose- oder Kurzform dieses Namens?
Hier findet ihr Varianten aus den unterschiedlichsten Sprachen:

Fanni, Franzi, Ziska, Zissi, Zissy (Kurzformen), Fanny, Fran, Frances, Francie, Franny (englisch), Franca, Francesca (italienisch), France, Francine, Françoise (französisch), Francisca (spanisch), Franciska, Franeka, Franica, Franja, Frantiska (slawisch), Siska (schwedisch).

Frauke Friesisch. 1. Kleine Frau. 2. Die Fröhliche, Heitere.
Freda, Frede Kurzformen von → Frederika.
Fredegund Variante von → Friedegund.
Frederica Englische Form von → Friederike.
Frederika, Frederike Varianten von → Friederike.
Frédérique Französische Form von → Friederike.

Freia, Freja, Freya Skandinavisch. Herrin.
Fricka Friesische Kurzform von Vornamen mit Friede-.
Frida Skandinavische Form von → Frieda.
Frieda, Friede Kurzformen von Vornamen mit Fried- oder -friede.
Friedegard Althochdeutsch. Friede und Hort/Schutz.
Friedegund Althochdeutsch. Friede und Kampf.
Friedel Variante von → Frieda. *Auch männlicher Vorname.*
Friederika Variante von → Friederike.
Friederike Althochdeutsch. Friede und reich.
Friedgard Variante von → Friedegard.
Friedhild, Friedhilde Althochdeutsch. Friede und Kampf.
Friedlind, Friedlinde Althochdeutsch. Friede und Lindenholzschild.
Friedrun Althochdeutsch. Friede und Geheimnis.
Frigga, Frigge Skandinavisch. 1. Kurzformen von → Friederike.
    2. Variante von → Freia.
Frika, Frikka, Frikke Friesische Kurzformen von → Friederike.
Frini Neugriechisch. Die Charmante, Liebreizende.
Fritzi Kurzform von → Friederike.
Fulvia Italienisch. Die Rotblonde.
Fumiko Japanisch. Brief, Geschriebenes.
Fylla Skandinavisch. Die Auserwählte, die Schönheit.

Gabi Kurzform von → Gabriele.
Gabriela Variante von → Gabriele.
Gabriele Hebräisch. Frau Gottes.
Gabriella Italienische Form von → Gabriele.

Gabrielle Französische Form von → Gabriele.
Gaby Kurzform von → Gabriele.
Gada Hebräisch. Die Glückliche.
Gaia Griechisch. Nach der griechischen Göttin der Erde.
Gail Englische Kurzform von → Abigail.
Gala 1. Variante von → Galla. 2. Altnorwegisch. Sängerin.
Galatea Griechisch. Milch.
Galdina Keltisch. Die Glänzende.
Galina Russisch. Stille, Ruhe, Frieden.
Galla Lateinisch. Die Gallierin.
Gana Hebräisch. Garten.
Ganika Indisch. Blume.
Ganja Russische Kurzform von → Galina.
Garcelle Englisch, französischen Ursprungs. Bedeutung unklar.
Garda Friesische Variante von → Gerda.
Gardenia Nach der gleichnamigen Blume.
Gardina Friesische Variante von → Gerda.
Garifallia Neugriechisch. Nelke.
Garnet Englisch. Granat (Edelstein).
Gauri Indisch. Die Gelbe, Blonde. Nebenname der Hindu-Göttin Shakti.
Gea Griechisch. Erde.
Gebke Ostfriesische Kurzform von Vornamen mit Geb-.
Geerta, Geertje Friesische Kurzformen von Gerharde (Althochdeutsch. Speer und stark).
Geeske Friesische Koseform von → Gesa.
Gela, Gele, Geli Kurzformen von → Angela, → Angelika.
Gemma Lateinisch. Edelstein.
Geneviève Französische Form von → Genoveva.
Genia Kurzform von → Eugenia.
Genovefa Variante von → Genoveva.
Genoveva 1. Gälisch. Volk und Frau. 2. Germanisch. Die sich Ausbreitende.

25 WEIBLICHE HEILIGE

Agnes, Barbara, Bernadette, Cäcilia, Dorothea, Elisabeth, Felicitas, Genoveva, Helena, Johanna, Katharina, Lucia, Margareta, Maria, Martha, Mathilde, Monika, Odilia, Rosa, Sophia, Susanna, Teresa, Thekla, Ursula, Veronika

Georgette   Französische Koseform von → Georgia.
Georgia   Griechisch. Bäuerin.
Georgina, Georgine   Erweiterte Formen von → Georgia.
Gera   Kurzform von Vornamen mit Ger-.
Geralde   Althochdeutsch. Speer und herrschen.
Geraldine   Erweiterte Form von → Geralde.
Gerda   1. Skandinavisch. Einfriedung, Zaun. 2. Kurzform von → Gertrud.
Gerde, Gerdi   Varianten von → Gerda.
Gerdis   Skandinavisch. Speer und Göttin.
Gerhild, Gerhilde   Althochdeutsch. Speer und Kampf.
Geriet, Gerit   Friesische Kurzformen von → Geralde. *Auch männlicher Vorname.*
Gerlind, Gerlinde   Althochdeutsch. Speer und Lindenholzschild.
Germaine   Französisch. Die aus Germanien Stammende.
Gerrit   Friesische Kurzform von → Geralde. *Auch männlicher Vorname.*
Gerti   Kurzform von → Gertraud, → Gertrud.
Gertraud, Gertraude   Varianten von → Gertrud.
Gertrud, Gertrude, Gertrudis   Althochdeutsch. Speer und Kraft.
Gerty   Englische Kurzform von → Gertrud.
Geesche, Gesche, Gescha   Friesische Kurzformen von → Gertrud.
Gesa, Gese   Friesische Kurzformen von → Gertrud.
Gesine   Erweiterte Form von → Gesa.
Ghada   Arabisch. junges Mädchen.
Giada   Italienisch. Jade.
Gianna   Italienische Form von → Johanna.

Giesela Variante von → Gisela.
Gila Kurzform von → Gisela.
Gilda Italienische und spanische Kurzform von → Gertrud.
Gilla Schwedische Kurzform von → Gisela.
Gillian Englische Form von → Juliana.
Gina 1. Kurzform von → Regina, → Regine. 2. Italienisch. Weibliche Form von → Gino.
Ginette Französische Koseform von → Genoveva.
Ginger 1. Englisch. Ingwer. 2. Englische Koseform von → Virginia.
Gioconda Italienisch. Die Angenehme.
Giovanna Italienische Form von → Johanna.
Gisa Kurzform von Vornamen mit Gis-, wie z. B. Gisberta (Althochdeutsch. Spross und glänzend).
Giseke Friesische Koseform von → Gisela.
Gisela Eigenständige Kurzform von Vornamen mit Gis-.
Gisèle Französische Form von → Gisela.
Gisella Italienische Form von → Gisela.
Giselle Französische Form von → Gisela.
Gisla Variante von → Gisela.
Gitta, Gitte, Gitti Kurzformen von → Brigitte.
Giulia Italienische Form von → Julia.
Giuliana Italienische Form von → Juliana.
Giulietta Erweiterte Form von → Giulia.
Giuseppa, Giuseppina Italienische Formen von → Josefine.
Gladys Englisch, walisischer Herkunft. Vermutlich eine Form von → Claudia.
Gloria Lateinisch. Ruhm, Ehre.
Goda, Godela Kurzform von Vornamen mit God-.
Godelinde, Gotlinde Althochdeutsch. Gott und Lindenholzschild.
Godola Kurzform von Vornamen mit God-.
Gölin Schwedisch. Bedeutung unklar.
Gönül Türkisch. Herz, Seele.
Gonda Variante von → Gunda.

Göntje Nordfriesische Kurzform von Vornamen, die auf -gonde, -gunde enden.
Gosta Kurzform von → Augusta.
Gotje Norddeutsche Kurzform von Vornamen mit Got-.
Gotlinde Variante von → Godelinde.
Gotthild, Gotthilde Althochdeutsch. Gott und Kampf.
Grace Englische Form von → Gratia.
Gracia Spanische und niederländische Form von → Gratia.
Gratia Lateinisch. Die Anmutige.
Grazia Deutsche und italienische Form von → Gratia.
Graziana Erweiterte Form von → Gratia.
Graziella Erweiterte Form von → Gratia.
Greet, Greetje Norddeutsche und niederländische Kurzformen von → Margarete.
Gregoria Griechisch. Die Wachsame.
Gret, Greta, Grete Kurzformen von → Margarete.
Gretchen Koseform von → Margarete.
Gretel Koseform von → Margarete.
Grethe Kurzform von → Margarete.
Gretine Variante von → Margarete.
Gretje, Gretjen Friesische Kurzformen von → Margarete.
Griet, Grieta, Grietje Friesische Kurzformen von → Margarete.
Griselda, Griseldis Italienisch, germanischen Ursprungs. Grau und Kampf.
Grit, Grita, Gritli, Gritta Kurzformen von → Margrit, → Margarete.
Gry Skandinavisch. Sonnenaufgang, Morgendämmerung.
Guda Kurzform von Vornamen mit Gud-, Gund-.
Güde Nordfriesisch. Gott.
Gül Türkisch. Rose.
Gudrun Skandinavisch. Gott und Geheimnis.
Gudula 1. Variante von → Gudrun. 2. Erweiterte Form von → Guda.
Guglielmina Italienische Form von → Wilhelmina.
Gulja Russische Kurzform von → Galina.

Gun, Gunn   Skandinavische Kurzform von Vornamen mit Gunt-, Gund-.
Gunbritt   Schwedische Zusammensetzung aus → Gun und → Brit.
Gunda, Gunde   Kurzformen von Vornamen mit Gund- oder -gund, gunde.
Gundela, Gundula   Erweiterte Formen von → Gunda oder von Vornamen, die auf -gund enden.
Gunhild   Variante von → Gunthild.
Gunilla   Skandinavische Form von → Gunthild.
Gunthild   Althochdeutsch. Kampf.
Gunver, Gunvor   Skandinavisch. Kampf und Wachsamkeit.
Gusta, Guste   Varianten von → Auguste.
Gustel   Koseform von → Auguste. *Auch männlicher Vorname.*
Gwen, Gwenda   Englische Kurzformen von → Gwendolin.
Gwendolin, Gwendolyn   Englisch, walisischer Herkunft. Weißer, schöner Ring/Bogen.
Gwyneth   Englisch, walisischer Herkunft. Die Weiße, Gesegnete.
Gyda, Gyde   Skandinavisch. Die Schöne, die Göttin.

H

Ha   Vietnamesisch. Fluss.
Habiba   Arabisch. Geliebte, Liebevolle.
Hadassa   Hebräisch. Myrte.
Hadiya   Afrikanisch. Geschenk, Gabe.
Hadmut, Hadmute   Althochdeutsch. Kampf und Mut.
Hakima   Arabisch. Die Weise.
Haldis   Schwedisch. Fels, Göttin.
Halima   Arabisch. Die Milde, Geduldige.
Halina   Polnische Form von → Helena.

Halka Polnische Koseform von → Halina.
Halle Altenglisch. Heuwiese.
Hama Japanisch. Ufer.
Hana 1. Tschechische und polnische Form von → Hannah. 2. Japanisch. Blume.
Hania, Hanja Koseformen von → Hanna.
Hanka Slawische Form von → Hanna.
Hanna 1. Kurzform von → Johanna. 2. Variante von → Hannah.
Hannah Hebräisch. Gott war gnädig.
Hanne Variante von → Hanna.
Hanni Kurzform von → Johanna.
Hansi Koseform von → Hanna. *Auch männlicher Vorname.*
Harda Skandinavisch. Harfe.
Harmony Englisch. Harmonie.
Harper Altenglisch. Harfenspielerin. *Auch männlicher Vorname.*
Harriet Englische Form von → Henrietta.
Haru Japanisch. Frühling.
Hasina Afrikanisch. Die Gute.
Hauke Kurzform von Vornamen mit Hug-. *Auch männlicher Vorname.*
Hazel Englisch. Haselnuss.
Heather Englisch. Heidekraut.
Heda, Hedda Skandinavische Kurzformen von → Hedwig.
Hede, Hedi Kurzformen von → Hedwig.
Hedvig Skandinavische Form von → Hedwig.
Hedwig Althochdeutsch. Kampf.
Hedy Kurzform von → Hedwig.
Heida, Heide Kurzformen von → Adelheid.
Heidelinde Neubildung aus → Heide und → Linda.
Heidelore Zusammensetzung aus → Heide und → Lore.
Heidemaria, Heidemarie Zusammensetzung aus → Heide und → Maria.
Heiderose Zusammensetzung aus → Heide und → Rosa.
Heidi Koseform von → Adelheid, → Heidrun.
Heidina Ostfriesische Kurzform von Vornamen mit Heid-, -heid.

Heidrun Althochdeutsch. Art und Weise und Geheimnis.
Heike Norddeutsche Koseform von → Heinrike.
Heinke Ostfriesische und Norddeutsche Kurzform von → Heinrike.
   Auch männlicher Vorname.
Heinrike Althochdeutsch. Einfriedung/Hof und reich.
Hela Kurzform von → Helena.
Heleen Variante von → Helena.
Helen Englische Form von → Helena.
Helena, Helene Griechisch. Die Glänzende, Wärmende.

IM FOKUS: HELENE/HELENA

Helene oder Helena ist nicht das Richtige für euer Kind? Aber vielleicht gefällt euch eine Neben-, Kose- oder Kurzform dieses Namens? Hier findet ihr Varianten aus den unterschiedlichsten Sprachen:

Alencia, Elena, Ena, Hela, Heleen, Heli, Heliane, Helja, Hella, Helli, Lena, Lene, Leni, Nelli (Neben- und Kurzformen), Aila (finnisch), Aileen, Eileen, Eilene, Ellen, Helen (englisch), Alenka, Alina, Jelena, Jelka, Lenja, Lenya (russisch), Elaine (englisch, französisch), Elena (spanisch, italienisch, griechisch), Eliane, Ilona (ungarisch), Elin, Elina (skandinavisch), Halina (polnisch), Hélène (französisch), Ilana, Ileana (rumänisch), Iliana, Iliane (schwedisch), Lentje (friesisch).

Hélène Französische Form von → Helena.
Helga Skandinavisch. Die Gesunde.
Heli Kurzform von → Helena
Heliane Variante von → Helena.
Helja Kurzform von → Helena.
Hella, Helli Kurzformen von → Helena oder → Helga.
Helma Kurzform von Vornamen mit Helm-, wie z. B. Helmtraud
   (Althochdeutsch. Helm und Kraft) oder -helma.
Helmina, Helmine Kurzformen von → Wilhelmina.

Heloise Althochdeutsch. Gesund, groß.
Héloïse Französische Form von → Heloise.
Hema Indisch. Die Goldene.
Hemma Variante von → Emma.
Hendrika, Hendrike, Hendrikje Norddeutsche und niederländische Varianten von → Henrike.
Henni, Henny Kurzformen von → Henriette, → Henrike.
Henrietta, Henriette Französische Formen von → Heinrike.
Henrika, Henrike Norddeutsche Formen von → Heinrike.
Hera Griechisch. Nach der gleichnamigen Göttin.
Herdina Koseform von Vornamen mit Her-, Hard-.
Herdis Skandinavisch. Heer und Göttin.
Herlind, Herlinde, Herlindis Althochdeutsch. Heer und Lindenholzschild.
Herma Kurzform von → Hermine, → Hermanna.
Hermanna, Hermanne Althochdeutsch. Heer und Mann.
Hermia Variante von → Hermanna.
Hermina, Hermine Varianten von → Hermanna.
Hermione Griechisch. Geht zurück auf den Götterboten Hermes.
Herta, Hertha Althochdeutsch. Irrtümlich entstandene Version der germanischen Fruchtbarkeitsgöttin Nerthus.
Hertrud Althochdeutsch. Heer und Kraft.
Hese, Heseke Kurzformen von → Hedwig.
Hester Englische Form von → Esther.
Hetta Kurzform von Vornamen mit Hei-.
Hilaria Lateinisch. Die Heitere, Fröhliche.
Hilary Englische Form von → Hilaria.
Hilda, Hilde Kurzformen von Vornamen mit Hild-, -hild.
Hildegard Althochdeutsch. Kampf und Hort/Schutz.
Hildrun Althochdeutsch. Kampf und Geheimnis.
Hilja Finnisch. Die Ruhige.
Hilka, Hilke Friesische Kurzformen von Vornamen mit Hilde-.
Hilla Norddeutsche und friesische Kurzform von Vornamen mit Hilde-.
Hillary Variante von → Hilary.

Hilma Kurzform von Vornamen mit Helm- oder -helma.
Hiltraud, Hiltrud, Hiltrude Althochdeutsch. Kampf und Kraft.
Hiska, Hissa Friesische Kurzformen von Vornamen mit Hild-, Hilde-.
Hjördis Altskandinavisch. Schwert und Göttin.
Hoa Vietnamesisch. Blume, Friede.
Hokulani Hawaiisch. Stern am Himmel.
Holda Variante von → Hulda.
Holle Variante von → Hulda.
Holly Englisch. Nach der gleichnamigen Pflanze, einer Stechpalme.
Honey Englisch. Honig.
Hope Englisch. Hoffnung.
Hortense, Hortensia Lateinisch. Geht zurück auf einen römischen Geschlechternamen.
Hoshi Japanisch. Stern.
Hua Chinesisch. Blume.
Huberta, Hubertina, Hubertine Althochdeutsch. Gedanke/Verstand und glänzend.
Hulda Althochdeutsch. Die Treue, Gnädige.

Iben Skandinavisch. Eibe.
Ida Kurzform von Vornamen mit Ida- und Idu-.
Idis Variante von → Ida.
Idita Variante von → Jutta.
Idris Keltisch. Feurige Herrin.
Iduna Skandinavisch. Name der altskandinavischen Göttin der Jugend und Unsterblichkeit.

Ignatia Lateinisch. Die Feurige, Glühende.
Ikka Friesisch. Bedeutung unklar.
Ilaria Italienische Form von → Hilaria.

25 ITALIENISCHE MÄDCHENNAMEN

Allegra, Alessia, Bella, Bianca, Chiara, Domenica, Estella, Felicia, Fiorina, Franca, Gabriella, Ilaria, Laura, Liliana, Luisa, Mariella, Norina, Palmira, Pierina, Riccarda, Rosa, Simonetta, Teresa, Tiziana, Violetta.

Ildiko Ungarische Koseform von Vornamen mit Hild-, -hild.
Ileana Rumänische Form von → Helena.
Ilga Variante von → Helga.
Ilia Hebräisch. Mein Gott ist Jahwe.
Iliana, Iliane Schwedische Varianten von → Juliana, → Helena.
Ilka Ungarische Kurzform von → Ilona.
Ilona Ungarische Form von → Helena.
Ilonka Ungarische Koseform von → Ilona.
Ilsa Variante von → Ilse und → Elisabeth.
Ilse Eigenständige Kurzform von → Elisabeth.
Ilsebill Zusammensetzung aus → Ilse und → Sibylle.
Ilske Norddeutsche Koseform von → Ilse.
Ilva Italienisch. Die von der Insel Elba Stammende.
Iman Arabisch. Glaube.
Imani Variante von → Iman.
Imelda Italienische Form von → Irmhild.
Imke Friesische Kurzform von Vornamen mit Irm-.
Imma Kurzform von Vornamen mit Irm-.
Imogen Englisch. Bedeutung unklar.
Ina Kurzform von Vornamen, die auf -ina enden.
India Englisch. Indien.
Indigo Englisch. Die Tiefblaue.

Indira Indisch. Schönheit, Glanz.
Indra Indisch. Die einen Regentropfen besitzt.
   Auch männlicher Vorname.
Ingbritt Schwedische Zusammensetzung aus → Inga und → Britta.
Ineke Friesische Koseform von → Ina.
Ines, Inés Spanische Formen von → Agnes.
Inessa Erweiterte Form von → Ines.
Inéz Variante von → Ines.
Inga Schwedische Kurzform von Vornamen mit Ing-.
Ingalisa Zusammensetzung aus → Inga und → Lisa.
Inge Kurzform von → Ingeborg.
Ingeborg Skandinavische Form von → Ingeburg.
Ingeburg Althochdeutsch. Ingwio (germanische Gottheit) und Schutz.
Ingela Koseform von → Inge.
Ingelies Zusammensetzung aus → Inge und → Liese.
Ingelis Skandinavische Form von → Ingelies.
Ingelore Zusammensetzung aus → Inge und → Lore.
Ingelotte Zusammensetzung aus → Inge und → Lotte.
Ingemaren Zusammensetzung aus → Inge und → Maren.
Ingemarie Zusammensetzung aus → Inge und → Marie.
Inger Schwedische Kurzform von Ingermund und → Ingrid.
Ingerose Zusammensetzung aus → Inge und → Rosa.
Ingrid Skandinavisch. Ingwio (germanische Gottheit) und schön.
Ingrida Variante von → Ingrid.
Ingrun Neubildung aus → Inge und Vornamen, die auf -run enden, z. B. → Gudrun.
Inia, Inja Skandinavische Koseformen von → Inge.
Inka, Inke, Inken Friesische Kurzformen von Vornamen mit Ing-.
Inna Friesische Kurzform von Vornamen mit Ing-.
Innocentia, Innocenzia Lateinisch. Die Unschuldige.
Insa, Inse, Inska, Inske Friesische Kurzformen von Vornamen mit Ing-.
Inula Lateinisch. Nach der gleichnamigen Pflanze (Alant).
Iona Keltisch. Eibeninsel.

Iphigenie Griechisch. Die aus mächtigem Geschlecht.
Ira 1. Kurzform von → Irene. 2. Hebräisch. Die Wachsame.
Auch männlicher Vorname.
Ireen Variante von → Irene.
Irene Griechisch. Die Friedliche.
Irina, Irena Slawische Formen von → Irene.
Iris Griechisch. 1. Name der griechischen Götterbotin.
2. Nach der gleichnamigen Blume.
Irka Polnische Koseform von → Irene.
Irma Kurzform von Vornamen mit Irm-.
Irmberga, Irmburg Althochdeutsch. Allumfassend/groß und Schutz.
Irmela Koseform von → Irma.
Irmelies Zusammensetzung aus → Irma und → Liese.
Irmelin Koseform von → Irma.
Irmenburg Variante von → Irmberga.
Irmengard Variante von → Irmgard.
Irmentraud, Irmenrud Variante von → Irmtraud.
Irmgard Althochdeutsch. Allumfassend/groß und Hort/Schutz.
Irmhild Althochdeutsch. Allumfassend/groß und Kampf.
Irmingard Variante von → Irmgard.
Irminhild Variante von → Irmhild.
Irmlind, Irmlinde Althochdeutsch. Allumfassend/groß und Lindenholzschild.
Irmtraud, Irmtrud Althochdeutsch. Allumfassend/groß und Kraft.
Isa Kurzform von → Isabel, → Isabella, → Isolde.
Isabel Spanische Form von → Elisabeth.

25 VIERSILBIGE MÄDCHENNAMEN

Alexandra, Angelina, Annalena, Antonia, Aurelia, Caroline, Eliana, Emilia, Elisabeth, Felicitas, Florentine, Henriette, Isabella, Joelina, Josefine, Juliane, Katharina, Letizia, Lieselotte, Liliana, Mariella, Seraphina, Valentina, Veronika, Viktoria.

Isabella   Italienische Form von → Isabel.
Isabelle   Französische Form von → Isabel.
Isadora   Variante von → Isidora.
Isha   Indisch. Beschützerin.
Ishi   Japanisch. Stein.
Ishilde   Althochdeutsch. Eisen und Kampf.
Isidora   Griechisch. Geschenk der Göttin Isis.
Isis   Nach der gleichnamigen ägyptischen Göttin.
Iska   Kurzform von Vornamen mit Is-.
Isla   Gälisch. Traum.
Ismet   Türkisch. Ehre, Anstand. *Auch männlicher Vorname.*
Isobel   Englische Form von → Isabel.
Isoda   Variante von → Isolde.
Isolde   Althochdeutsch. Eisen und herrschen.
Ita, Ite   Schweizerische Kurzformen von → Jutta.
Itta, Itte   Varianten von → Ida.
Iva   Althochdeutsch. Eibe.
Ivanka   Slawische Koseform von → Iwana.
Ivette   Französische Variante von → Yvette.
Ivonne   Variante von → Yvonne.
Ivy   Englisch. Efeu.
Iwana   Russische Form von → Johanna.
Iwanka   Slawische Koseform von → Iwana
Izusa   Indianisch. Weißer Stein.

Jacinta, Jacintha   Griechisch. Hyazinthe.
Jackie, Jacky   Englische Koseformen von → Jacqueline.
Jacqueline, Jacquelin   Französische Formen von → Jakoba.
Jade   Englisch. Jade (Edelstein).
Jadwiga   Polnische Form von → Hedwig.
Jael   Hebräisch. Bergziege.
Jakoba, Jakobina, Jakobine   Hebräisch. Überlisterin.
Jale   Persisch. Tautropfen.
Jamie   Englische Form von → Jakoba. *Auch männlicher Vorname.*
Jamila   Variante von → Djamila.
Jana   Slawische Form von → Johanna.
Jane   Englische Form von → Johanna.
Janeke   Niederländische und friesische Koseform von → Johanna.
Janessa   Englische Koseform von → Johanna.
Janet   Englische Koseform von → Jane.
Janett, Janette   Eingedeutschte Formen von → Jeannette.
Jani   Afrikanisch. Blatt.
Janice   Englische Koseform von → Jane.
Janika   Bulgarische Koseform von → Jana.
Janina   Erweiterte Form von → Jana.
Janine   Französisch, vereinfachte Schreibung von → Jeannine.
Janis   Variante von → Janice.
Janita   Slawische Koseform von → Jana.
Janka   Bulgarische und ungarische Form von → Johanna.
Janna, Janne   Friesische Kurzformen von → Johanna.
Jantina, Jantine   Slawische Koseformen von → Jana.
Jantje   Friesische Koseform von → Johanna.
Jarita   Indisch. Vogel.
Jascha   Kurzform von → Jadwiga. *Auch männlicher Vorname.*

Jasmin, Jasmina, Jasmine Persisch. Nach der gleichnamigen Pflanze.
Jayanti Indisch. Die Siegreiche.
Jean Englische Form von → Johanna. *Auch männlicher Vorname.*
Jeanne Französische Form von → Johanna.
Jeannette Französische Koseform von → Jeanne.

25 FRANZÖSISCHE MÄDCHENNAMEN

Aimée, Amélie, Anaïs, Bernadette, Camille, Chantal, Charmaine, Claire, Delphine, Denise, Désirée, Estelle, Fleur, Isabelle, Jacqueline, Janine, Jeannette, Jolie, Juliette, Madeleine, Nadine, Nicole, Renée, Solange, Yvette.

Jeannice Französische Koseform von → Jeanne.
Jeannine Französische Form von → Johanna.
Jedida Hebräisch. Die Geliebte.
Jekaterina Russische Form von → Katharina.
Jelena Russische Form von → Helena.
Jelenka Russische Koseform von → Jelena.
Jelisaweta Russische Form von → Elisabeth.
Jelka Ungarische Kurzform von → Helena.
Jella Kurzform von → Gabriele, → Gabriella.
Jemima Hebräisch. Turteltaube.
Jenaya Hebräisch. Gott hat geantwortet.
Jenna Englische Variante von → Johanna.
Jenni Kurzform von → Jennifer.
Jennifer Englisch, keltischer Herkunft. Weiß/blond und weich.
Jenny Kurzform von → Jennifer.
Jerra Nordfriesische Kurzform von → Gertrud.
Jeruscha Hebräisch. In Gottes Besitz.
Jesennia Arabisch. Blume.
Jessica Englisch, hebräischer Herkunft. Gott schaut.

Jessie, Jessy Kurzform von → Jessica.

Jessika Variante von → Jessica.

Jessy Kurzform von → Jessica.

Jetta, Jette Kurzformen von → Henriette.

Jewel Englisch. Edelstein, Juwel.

Jill Englische Kurzform von → Gillian.

Jillian Englische Variante von → Gillian.

Jindra Tschechische Form von → Heinrike.

Jiska Variante von → Jessica.

Jitka Tschechische Kurzform von Judita (→ Judith).

Jo Kurzform von → Johanna. *Auch männlicher Vorname.*

Joan Englische Form von → Johanna. *Auch männlicher Vorname.*

Joana Portugiesische Form von → Johanna.

Joanna Englische und polnische Form von → Johanna.

Joceline, Jocelyn Englisch, normannischer Herkunft. Geht zurück auf einen gotischen Stammesnamen.

Jodie, Jody Englische Varianten von → Judy.

Joëlle Französisch, hebräischer Herkunft. Jahwe ist Gott.

Johanna, Johanne Hebräisch. Der Herr ist gnädig, gütig.

IM FOKUS: JOHANNA

Johanna ist nicht das Richtige für euer Kind? Aber vielleicht gefällt euch eine Neben-, Kose- oder Kurzform dieses Namens?
Hier findet ihr Varianten aus den unterschiedlichsten Sprachen:

Hanne, Hanni, Jo (Neben- und Kurformen), Gianna, Giovanna (italienisch), Iwana (russisch), Jana, Janina, Jowita (slawisch), Jane, Janessa, Jean, Jenna, Joan (englisch), Janeke, Jantje, Janna, Janne (friesisch), Janka (bulgarisch, ungarisch), Jeanne, Jeannine, Jeannette (französisch), Joana (portugiesisch) Joanna (polnisch, englisch), Jonna (dänisch), Jovanka (serbokroatisch, slowenisch), Juana, Juanita (spanisch), Sinead (irisch).

Johari Afrikanisch. Juwel.
Jola Kurzform von → Jolanda.
Jolanda, Jolande, Jolantha, Jolanthe Griechisch. Veilchenblüte.
Jolena, Jolene Varianten von → Jolanda.
Jolie Französisch. Die Hübsche.
Jolina Erweiterte Form von → Jo.
Jonna Dänische Form von → Johanna.
Jordis, Jördis Varianten von → Hjördis.
Jorid Skandinavisch. Schönes Pferd.
Jorina, Jorinde Friesische Formen von → Georgia.
Jörna Norddeutsche Form von → Georgia.
Josefa, Josepha Hebräisch. Gott möge vermehren, Gott fügt hinzu.
Josefina, Josefine, Josephina, Josephine Erweiterte Formen von
    → Josefa.
Josette Französische Koseform von → Josefine.
Joshita Indisch. Die Erfreute.
Josi Kurzform von → Josefine.
Josiane, Josianne Französische Kurzformen von → Josefine.
Josina Niederländische Form von → Josefine.
Josita Koseform von → Josefa.
Jovanka Serbokroatische und slowenische Form von → Johanna.
Jowita Slawische Kurzform von → Johanna.
Joy Englisch. Freude.
Juana Spanische Form von → Johanna.
Juanita Spanische Koseform von → Johanna.
Jucunda Lateinisch. Die Liebenswürdige.
Judenta Variante von → Judith.
Judica, Judika Lateinisch. Richte!
Judith, Juditha Hebräisch. Die Gepriesene, Bekennerin, Judäerin.
Judy Englische Form von → Judith.
Jula, Jule Kurzformen von → Julia.

IM FOKUS: JULIA

Julia ist nicht das Richtige für euer Kind? Aber vielleicht gefällt euch eine Neben-, Kose- oder Kurzform dieses Namens?
Hier findet ihr Varianten aus den unterschiedlichsten Sprachen:

Jula, Jule, Juliana, Juliane, Julietta, Julina, Juline, Lia, Liana, Liane (Neben- und Kurzformen), Giulia, Giuliana, Giulietta (italienisch), Iliana (schwedisch), Julianka (polnisch), Julie, Julienne, Juliette (französisch), Gillian, Juliet (englisch), Julika, Julischka (ungarisch), Julitta (spanisch), Julja, Ulita, Uljana (russisch).

Julia   Lateinisch. Geht zurück auf einen römischen Geschlechternamen.
Juliana, Juliane   Erweiterte Formen von → Julia.
Julianka   Polnische Koseform von → Juliana.
Julie   Französische Form von → Julia.
Julienne   Französische Form von → Juliana.
Juliet   Englische Form von → Julia.
Julietta   Variante von → Julia.
Juliette   Französische Koseform von → Julia.
Julika, Julischka   Ungarische Koseformen von → Julia.
Julina, Juline   Varianten von → Julia.
Julitta   Spanische Form von → Julia.
Julja   Russische Form von → Julia.
Julka   Ungarische Form von → Julia.
June   Englische Form von → Junia.
Junia   Lateinisch. Die im Juni Geborene.
Juno   Griechisch. Die Blühende.
Justina, Justine   Lateinisch. Die Gerechte.
Juta, Jutta   Altskandinavisch. Von Althochdeutsch *Jiute, Jut* „aus dem Volk der Jüten", wurde im Mittelalter zur Koseform von → Judith.
Jytte   Dänische Form von → Jutta.

K

Kaatje Friesische Form von → Katja.
Kabisa Afrikanisch. Für immer.
Kagami Japanisch. Spiegel.
Kagiso Afrikanisch. Friede.
Kai Friesisch. (Vermutlich) Kampf. *Auch männlicher Vorname.*
Kainda Afrikanisch. Tochter des Jägers.
Kaitlin, Kaitlyn Irische Varianten von → Katharina.
Kaj Skandinavische Kurzform von → Katharina.
  Auch männlicher Vorname.
Kaja Schwedische Kurzform von → Katharina.
Kajetana, Kajetane Lateinisch. Die aus der Stadt Gaëta Stammende.
Kajsa Schwedische und dänische Kurzform von → Katharina.
Kala Indisch. Die Schwarze.
Kali Indisch. Schwarze Göttin.
Kalila Arabisch. Geliebte.
Kalinda Indisch. Sonne.
Kalini Indisch. Blume.
Kalinka Russisch. Beere.
Kama Indisch. Liebe.
Kamaria Afrikanisch. Die dem Mond Gleiche.
Kameko Japanisch. Schildkröte.
Kami Japanisch. Göttliche Kraft.

25 AFRIKANISCHE MÄDCHENNAMEN

Abebi, Abiona, Adia, Alika, Aniweta, Binti, Chinara, Fayola, Femi, Hadiya, Hasina, Johari, Kamaria, Keshia, Kumi, Lisha, Mandisa, Marini, Penda, Sanura, Saran, Siti, Zalira, Zawadi, Zuri.

Kamini Indisch. schöne Frau.
Kanani Hawaiisch. Schönheit.
Kandida Variante von → Candida.
Kanya Indisch. Jungfrau.
Kaori Japanisch. Duft.
Kapua Hawaiisch. Blume, Blüte.
Kara Englische Form von → Cara.
Kareen Irische Form von → Karin.
Karen Skandinavische Variante von → Katharina.
Karena Variante von → Katharina.
Kari Skandinavische Kurzform von → Katharina.
Karianne Niederländische Zusammensetzung aus → Katharina und → Johanna.
Karima Arabisch. Die Wohltätige, Großmütige.
Karin Skandinavische Kurzform von → Katharina.
Karina, Karine Varianten von → Karin, → Carina.
Karla Althochdeutsch. (Freier) Mann, Ehemann.
Karlina, Karline Varianten von → Karoline.
Karma Indisch. Schicksal.
Karola Variante von → Carola.
Karolin, Karolina, Karoline Varianten von → Carolin, Carolina, Caroline.
Karsta Norddeutsche Form von → Christa.
Karuna Indisch. Mitgefühl.
Kasota Indianisch. Klarer Himmel.
Kassandra Griechisch. Name einer Figur aus der Griechischen Mythologie, eine Seherin.
Kassia Polnische Variante von → Katharina.
Kata, Katalin, Katalina, Katalyn Ungarische Formen von → Katharina.
Katarin, Katarina, Katarine Varianten von → Katharina.
Katarzyna Polnische Form von → Katharina.
Kate Englische Variante von → Katharina.
Käte Kurzform von → Katharina.
Katerina Variante von → Katharina.

IM FOKUS: KATHARINA

Katharina ist nicht das Richtige für euer Kind? Aber vielleicht gefällt euch eine Neben-, Kose- oder Kurzform dieses Namens?
Hier findet ihr Varianten aus den unterschiedlichsten Sprachen:

Caja, Karena, Katarin, Katarina, Katerina, Käte, Käthe, Katherina, Katherine, Kathi, Kathinka, Kathrein, Katrein, Kathrin, Katrin, Kathrina, Katrina, Kathrine, Katrine, Kati, Kathie, Katy, Katia, Katina, Katti, Katty, Rina, Tinka, Trine, Trina (Nebenformen), Ecaterina (rumänisch), Ekaterini (griechisch), Ekaterina, Jekaterina, Katja, Katjana, Katjuscha (russisch), Kaj, Karen (skandinavisch), Caitlin, Kaitlin, Kaitlyn, Kathleen (irisch), Kaja, Kaya, Kajsa, Karin (schwedisch), Kari (skandinavisch), Kassia, Katarzyna (polnisch), Kata, Katalin, Katalina, Katalyn, Katka; Kaktinka (ungarisch), Catherine, Katherine, Kathryn, Kathy, Kate, Katie, Kayla, Ketty, Kitty (englisch), Katrijn (niederländisch), Catalina (spanisch), Cataline, Cathérine (französisch), Caterina (italienisch), Catriona (schottisch).

Neben der jeweiligen Schreibweise mit K- ist häufig auch die Schreibweise mit C- möglich.

Käthe Kurzform von → Katharina.
Katherina Variante von → Katharina.
Katherine 1. Variante von → Katharina. 2. Englische Form von → Katharina.
Kathi, Kathie Koseformen von → Katharina.
Kathinka Variante von → Katharina.
Kathleen Irische Form von → Katharina.
Kathrein Süddeutsche Form von → Katharina.
Kathrin Variante von → Katharina.
Kathrina, Kathrine Varianten von → Katharina.
Kathryn Englische Form von → Katharina.
Kati Koseformen von → Katharina.
Katia Variante von → Katharina.

Katie Englische Kurzform von → Katharina.
Katina Variante von → Katharina.
Katinka Ungarische Koseform von → Katharina.
Katja Russische Kurzform von → Katharina.
Katjana Russische Koseform von → Katharina.
Katjuscha Russische Koseform von → Katharina.
Katka Ungarische Koseform von → Katharina.
Katrein Süddeutsche Form von → Katharina.
Katrijn Niederländische Kurzform von → Katharina.
Katrin Variante von → Katharina.
Katrina, Katrine Variante von → Katharina.
Katti Koseform von → Katharina.
Katy Koseform von → Katharina.
Kavita Indisch. Gedicht.
Kay Variante von → Kai.
Kaya 1. Schwedische Kurzform von → Katharina. 2. Indianisch. Meine große Schwester.
Kayla Amerikanische Variante von → Katharina oder → Michaela.
Kayleigh Englisch, vermutlich eine Variante von → Kyla.
Kea Ostfriesische Kurzform von Vornamen, die auf -ke oder -kea enden.
Keela Irisch. Die Schöne.
Keiki Hawaiisch. Tochter.
Keiko Japanisch. Kind.
Keira Irisch. Die Dunkle.
Kelda Altskandinavisch. Quelle.
Kelila Hebräisch. Lorbeerkranz.
Kelly Irisch. Kriegerin. *Auch männlicher Vorname.*
Kenda Amerikanisch. Tochter des reinen Wassers.
Kendall Altenglisch. Die vom hellen Tal.
Kenya Amerikanisch. Nach dem Land Kenia.
Kerani Indisch. Heilige Glocke.
Kerrin Norddeutsche Variante von → Karen.
Kerry Englisch-irisch, keltischer Herkunft. Die Finstere. *Auch männlicher Vorname.*

Kersta, Kersti Schwedische Varianten von → Kerstin.
Kerstin, Kerstina, Kerstine Schwedische Varianten von → Kristina.
Keshia Afrikanisch. Die Bevorzugte.
Ketty Englische Kurzform von → Katharina.
Kezia, Keziah Hebräisch. Zimt.
Khadidja Arabisch. Die früh Geborene.
Kiana Irisch. Die Fortbestehende.
Kichi Japanisch. Die Glückliche.
Kiera Irisch. Die Dunkelhaarige.
Kiku Japanisch. Chrysantheme.
Kim Englische Kurzform von → Kimberley. *Auch männlicher Vorname.*
Kimani Afrikanisch. Die Süße, Schöne.
Kimberley Englisch. Geht auf einen englischen Familiennamen zurück. *Auch männlicher Vorname.*
Kimiko Japanisch. Die Einzigartige.
Kira Russische Form von → Kyra.
Kiriaki Griechisch. Sonntagskind.
Kirsten, Kirstin Dänische und schwedische Formen von → Christina.
Kirsti Schwedische Form von → Kirstin.
Kirsty Schottische Form von → Kirstin.
Kisa Russisch. Kleine Katze.
Kitty Englische Koseform von → Katharina.
Klara Lateinisch. Die Helle, Leuchtende, Berühmte.

IM FOKUS: KLARA

Klara ist nicht das Richtige für euer Kind? Aber vielleicht gefällt euch eine Neben-, Kose- oder Kurzform dieses Namens?
Hier findet ihr Varianten aus den unterschiedlichsten Sprachen:

Kläre, Klarissa, Klarina, Klarine, Klarinda, Klarinde, Clara, Cläre, Clarelia, Clarina, Clarine, Clarinda, Clarinde, Clarissa, Clarisse (Neben- und Kurzformen), Chiara, Claretta (italienisch), Claire (französisch), Clare, Clarice, Clarisse (englisch), Clarita (spanisch).

Kläre Variante von → Klara.
Klarina, Klarine Erweiterte Formen von → Klara.
Klarinda, Klarinde Erweiterte Formen von → Klara.
Klarissa Erweiterte Form von → Klara.
Klaudia Variante von → Claudia.
Klea Griechische Kurzform von Vornamen mit Klea-, Kleo-.
Klematis Variante von → Clematis.
Klementia Nebenform von → Clementia.
Klementina, Klementine Varianten von → Clementina.
Klenja Russische Kurzform von → Kleopatra.
Kleopatra Griechisch. Die vom Vater her Berühmte.
Kleopha, Kleophea Griechisch. Die durch Ruhm Glänzende.
Klivia Variante von → Clivia.
Klothilde, Klotilde Althochdeutsch. Laut und Kampf.
Kohana Japanisch. Kleine Blume.
Kohinor Persisch. Berg des Lichts.
Koko Japanisch. Storch.
Konne Niederländische Variante von → Kunigunde.
Konny Kurzform von → Konstanze, → Kornelia.
  Auch männlicher Vorname.
Konstantine, Konstanze Lateinisch. Die Standhafte, Beständige.
Kora Variante von → Cora.
Kordelia Variante von → Cordelia.
Kordula Variante von → Cordula.
Korinna, Korinne Varianten von → Corinna.
Kornelia Variante von → Cornelia.
Korona Variante von → Corona.
Kosima Variante von → Cosima.
Kreszentia, Kreszenz Varianten von → Crescentia.
Kriemhild, Kriemhilde Althochdeutsch. Maske/Gespenst und Kampf.
Krishna, Krischna Indisch. Die Schwarze, die Entzückende.
  Auch männlicher Vorname.
Krista Variante von → Christa.

Kristen Skandinavische Variante von → Christine.
Kristiane Skandinavische Form von → Christiane.
Kristin, Kristine Skandinavische Formen von → Christine.
Kristina Skandinavische Form von → Christina.
Kumi Afrikanisch. Die Starke. *Auch männlicher Vorname.*
Kumuda Indisch. Lotos.
Kunigunde Althochdeutsch. Sippe/Geschlecht und Kampf.
Kyla Irisch. Die Schöne.
Kyle Irisch. Die von der Meerenge, die Schöne. *Auch männlicher Vorname.*
Kylie Australisch. Bumerang.
Kyra Griechisch. Herrin, Gebieterin.

Lada Süd- und westslawische Kurzform von → Ladislava.
Ladina, Ladinka Südslawische Koseformen von → Ladislava.
Ladislava Slawisch. Herrschaft/Macht und Ruhm.
Laila Variante von → Leila.
Lala Slawische Kurzform von → Ladislava.
Lale Skandinavische Kurzform von → Laura oder → Eulalie.

25 ARABISCHE MÄDCHENNAMEN

Abida, Aischa, Amina, Amira, Dajana, Djamila/Jamila, Farah, Fatima, Ghada, Habiba, Hakima, Kalila, Karima, Khadidja, Laila/Leila/Leyla, Malaika/Maleika, Nabila, Rabea/Rabia, Reem, Safia/Safiyya, Sahar, Samira, Shakira, Yasira, Zaida.

Lâle Türkisch. Tulpe.
Lalita Indisch. Die Bezaubernde.
Lamberta Althochdeutsch. Land und glänzend.
Lana Kurzform von slawischen Vornamen, die auf -lana enden.
Lani Hawaiisch. Himmel. *Auch männlicher Vorname.*
Lara Russische Kurzform von → Laura.
Larina Erweiterung von → Lara.
Larissa Griechisch. Die aus Larissa Stammende.
Latifa Arabisch. Die Schöne, Anmutige.
Lätizia Lateinisch. Freude, Fröhlichkeit.

LATOYA – TOP ODER FLOP?

Latoya Jackson ist eine amerikanische Sängerin und Schwester des „King of Pop" Michael Jackson. Doch darf ein Kind in Deggendorf auch so heißen? Ja, meinte das Amtsgericht Deggendorf, Latoya sei auch in Deutschland als Vorname eintragungsfähig. Die Schreibweise La Toya wurde allerdings im selben Jahr vom Amtsgericht Darmstadt abgelehnt.

Laura Italienische Form von → Laurentia.
Laure Französische Form von → Laurentia.
Laureen, Lauren Englische Varianten von → Laura.
Laurence Französische Form von → Laurentia. *Auch männlicher Vorname.*
Laurentia, Laurenzia Lateinisch. Die aus der Stadt Laurentum Stammende.
Lauretta Italienische Koseform von → Laura.
Laurette Französische Koseform von → Laura.
Laurie Englische Variante von → Laurentia. *Auch männlicher Vorname.*
Laurina Erweiterte Form von → Laura.
Lauryn Englisch. Lorbeere, Lorbeerkranz.
Lavali Indisch. Nelke.

Lavina, Lavinia Griechisch. Die aus Lavinium Stammende.
Layla Variante von → Leila.
Lea, Leah Hebräisch. Die sich vergeblich abmüht.
Leana 1. Kurzform von → Ileana. 2. Koseform von → Lea.
Leandra Griechisch. Volk und Mann.
Leda Griechisch. Figur aus der griechischen Mythologie, die Geliebte des Zeus.
Lee Englisch. Die von der Wiese Stammende.
Auch männlicher Vorname.
Leeba Hebräisch. Herz.
Leena Finnische Form von → Lena.
Leila Arabisch. Dunkelheit, Nacht.
Leilani Hawaiisch. Kind des Himmels, Blume des Himmels.
Lelia 1. Niederländisch. Lilie. 2. Griechisch. Die Gesprächige.
Lena Kurzform von → Helena und → Magdalena.
Lene Kurzform von → Helena und → Magdalena.
Leni Kurzform von → Helena und → Magdalena.
Lenja Russische Koseform von → Helena.
Lenka Slowakische Koseform von → Magdalena.
Lentje Friesische Koseform von → Helena.
Lenza Kurzform von → Laurentia.
Lenya Russische Koseform von → Helena.
Leoba Variante von → Lioba.
Leokadia, Leokadie Griechisch. Nach dem griechischen Gebirge Leukátas.
Leona Lateinisch. Löwin.
Leonara Variante von → Leona.
Leonharda Lateinisch-deutsch. Löwen und stark.
Leoni, Leonie Varianten von → Leona.
Leonilda Lateinisch-Deutsch. Löwe und Kampf.
Leonina Erweiterte Form von → Leonie.
Leonor Spanische Form von → Leonore.
Leonore Kurzform von → Eleonora.

Leontina, Leontine Lateinisch. Die Löwenhafte.
Leopolda, Leopolde Althochdeutsch. Volk und kühn.
Leotie Indianisch. Prärieblume.
Leska Variante von → Valeska.
Lesley Variante von → Leslie.
Leslie Englisch. Geht zurück auf einen schottischen Orts- und Clannamen. *Auch männlicher Vorname.*
Leticia, Letitia, Letizia Varianten von → Lätizia.
Letje Dänische Kurzform von → Adelheid.
Letta Kurzform von → Adelheid, → Violetta.
Lettie, Letty Kurzformen von → Adelheid.
Levana Hebräisch. Mond.
Lexa Kurzform von → Alexandra.
Leyla Variante von → Leila.
Li 1. Kurzform von → Elisabeth oder Vornamen mit Li- oder Lie-.
  2. Chinesisch. Die Schöne. *In China auch männlicher Vorname.*
Lia 1. Kurzform von → Julia oder anderen Vornamen, die auf -lia enden.
  2. Variante von → Lea.
Liana, Liane Kurzformen von → Juliane.
Liberty Englisch. Freiheit. *Auch männlicher Vorname.*
Libeth Kurzform von → Elisabeth.
Libusa, Libussa Slawisch. Liebling, Liebchen.
Lida Kurzform von → Adelheid, → Ludmilla.
Liddi, Liddy Kurzformen von → Lydia.
Lidia Italienische Form von → Lydia.
Lidwina Althochdeutsch. Volk und Freundin.
Liebhild Althochdeutsch. Lieb und Kampf.
Liebtraud, Liebtrud Althochdeutsch. Lieb und Kraft.
Lieke Friesische und niederländische Koseform von → Angelika.
Lien Chinesisch. Lotos.
Lies Kurzform von → Elisabeth.
Liesbeth Kurzform von → Elisabeth.
Liese, Liesel Kurzformen von → Elisabeth.

Lieselotte   Variante von → Liselotte.

Lil, Lili   Varianten von → Lill, Lilli.

Lilia   1. Erweiterte Form von → Lili. 2. Latinisierte Form des Blumennamens Lilie.

Lilian   Englische erweiterte Form von → Lilli.

Liliana   Italienische Form von → Lilian.

Liliane   Deutsche Form von → Lilian.

Lilith   Hebräisch. Die Nächtliche.

Lilja   Variante von → Lilia.

Lill, Lilli   Koseformen von → Elisabeth.

Lillemor   Skandinavisch. Kleine Mutter.

Lilly   Koseform von → Elisabeth.

Lilo   Kurzform von → Liselotte.

Lily   Variante von → Lilly.

Lin   Chinesisch. Wald. *Auch männlicher Vorname.*

Lina, Line   Kurzformen von Vornamen, die auf -lina oder -line enden.

Linda   Kurzform von Vornamen, die auf -lind oder -linde enden.

Linde   1. Kurzform von Vornamen, die auf -lind oder -linde enden. 2. Nach dem gleichnamigen Baum.

Lindsay   Altenglisch. Die von der Insel der Lindenbäume. *Auch männlicher Vorname.*

Linette   Französische Koseform von → Lina.

Linn   Variante von → Lynn.

Linnea, Linnéa   Schwedisch. Nach der gleichnamigen Blume.

Lioba   Kurzform von Vornamen mit Lieb-.

Lionne   Französische Form von → Leona.

Lis   Kurzform von → Elisabeth.

Lisa   Kurzform von → Elisabeth.

Lisabeth   Kurzform von → Elisabeth.

Lisamaria   Zusammensetzung aus → Lisa und → Maria.

Lisann, Lisanne   Zusammensetzung aus → Lisa und → Anne.

Lisbeth   Kurzform von → Elisabeth.

Lise   Kurzform von → Elisabeth.

Lisel Kurzform von → Elisabeth.
Liselotte Zusammensetzung aus → Lise und → Lotte.
Lisenka Slawische Kurzform von → Elisabeth.
Lisetta Italienische Koseform von → Lisa.
Lisette Französische Koseform von → Lise.
Lisha Afrikanisch. Die Geheimnisvolle.
Lisia Italienische erweiterte Form von → Lisa.
Lisiane Französische erweiterte Form von → Lise.
Liska Schwedische Kurzform von → Elisabeth.
Lissy Englische Koseform von → Elisabeth.
Liv 1. Skandinavisch. Wehr, Schutz. 2. Keltisch. Leben.
Livia Lateinisch. Geht zurück auf einen römischen Geschlechternamen.
Liviana Erweiterte Form von → Livia.
Liz Englische Kurzform von → Elisabeth.
Liza Englische Kurzform von → Elisabeth.
Lizzy Englische Koseform von → Elisabeth.
Ljuba Russisch. Die Liebende.
Loana Erweiterte Form von → Lona.
Loisa Kurzform von → Aloisia.
Lokelani Hawaiisch. Himmlische Rose.
Loki Norddeutsche Koseform von → Hannelore.
Lola Spanische Koseform von → Dolores und → Carlota.
Lolita Erweiterte Form von → Lola.
Lona, Lone, Loni Kurzformen von → Leona und → Apollonia.
Lora 1. Südslawische Variante von → Laura. 2. Kurzform von → Eleonora.
Lore Kurzform von → Eleonora.
Loredana Italienische Variante von → Laurentia.
Loremarie Zusammensetzung aus → Lore und → Marie.
Lorena, Lorene Englische Form von → Laurentia.
Lorenza Italienische Form von → Laurentia.
Loretta Italienische Variante von → Lauretta.
Lorette Französische Variante von → Laurette.

Lorina Variante von → Laurentia.

Loris Italienische und schweizerische Kurzform von → Laurentia. *Auch männlicher Vorname.*

Lorraine Englische und französische Variante von → Laura.

Lotta, Lotte Kurzformen von → Charlotte.

Lotti Koseform von → Lotta, Lotte.

Lou Kurzform von → Luise. *Auch männlicher Vorname.*

LOUANN – TOP ODER FLOP?

Virginia LouAnn – so sollte ein kleines Mädchen in Thüringen heißen. Doch das zuständige Standesamt wollte lediglich die Schreibweise Lou Ann zulassen. Das Erfurter Oberlandesgericht sah das allerdings anders. Es sei heute üblich, auch ausländische Vornamen zu vergeben. Und im englischsprachigen Raum sei die Schreibweise LouAnn durchaus üblich. Das Mädchen darf also Virginia LouAnn heißen.

Louise Französische Form von → Luise.

Lourdes Französisch. Nach dem gleichnamigen Wallfahrtsort.

Lovisa, Lowisa Norddeutsche Formen von → Luise.

Lu Kurzform von Vornamen mit Lu-, Lud-. *Auch männlicher Vorname.*

Luana Hawaiisch. Die Zufriedene.

Luca Variante von → Lucia. *Auch männlicher Vorname.*

Lucetta Italienische Koseform von → Lucia.

Lucette Französische Koseform von → Lucia.

EIN MÄDCHEN NAMENS LUCA?

Luca ist im Allgemeinen als Jungenname bekannt, ist der Vorname doch die italienische Form von Lukas. Doch Luca ist auch als weiblicher Vorname zulässig, urteilte das Amtsgericht Freiburg.

Lucia Lateinisch. Die Lichte, die Glänzende, die bei Tagesanbruch Geborene.
Luciana, Luciane Erweiterte Formen von → Lucia.
Lucie Variante von → Lucia.
Lucienne Französische Form von → Luciana.
Lucilla, Lucille Koseformen von → Lucia.
Lucinda, Lucinde Varianten von → Lucia.
Lucretia Lateinisch. Geht zurück auf einen römischen Geschlechternamen.
Lucy Englische Form von → Lucia.
Ludmilla Slawisch. Volk und lieb/angenehm.
Ludwiga Althochdeutsch. Laut/berühmt und Kampf.
Ludowika Slawische Form von → Ludwiga.
Luisa Spanische, italienische und rätoromanische Form von → Luise.
Luise Variante von → Ludwiga.
Luisella, Luiselle Romanische Koseformen von → Luise.
Luka Variante von → Luca.
Lukretia, Lukrezia Varianten von → Lucretia.
Lulani Hawaiisch. Höchster Punkt am Himmel.
   Auch männlicher Vorname.
Lulu Koseform von Vornamen mit Lu-.
Luna Lateinisch. Mond.
Luzia, Luzie Varianten von → Lucia.
Lya Schwedisch. Schutz.
Lydia Griechisch. Die aus Lydien Stammende.
Lykka, Lykke Skandinavisch. Glück.
Lynn Englische Kurzform von → Linda.
Lyra Skandinavisch. Freiheit.
Lysandra Griechisch. Die Freigelassene.
Lyse Griechisch. Befreiung, Rettung.

M

Maarike Niederländische Koseform von → Maria.
Maartje Norddeutsche Koseform von → Martha, → Martina.
Mab Irisch. Heiterkeit, Glück.
Mabel, Mabella Englische Kurzformen von → Amabel.
Mada Irische Form von → Maud.
Madalena, Maddalena Italienische Formen von → Magdalena.
Maddy Englische Kurzform von → Magdalena.
Madeleine Französische Form von → Magdalena.
Madeline Französische Variante von → Magdalena.
Madelon Koseform von → Madeleine.
Madge Englische Kurzform von → Margarete.
Madina Kurzform von → Magdalena.
Madita Schwedische Kurzform von → Margarete.
Madlen, Madlene 1. Kurzformen von → Magdalena.
2. Eingedeutschte Form von → Madeleine.
Madrisa Italienisch. Gebirgsgöttin.
Mady Englische Kurzform von → Magdalena.
Mae Englische Kurzform von → Mary.
Maëlle Französisch. Prinzessin.
Maeve Irisch. Die Berauschende.
Mafalda Italienische Variante von → Mathilde.
Mag Englische Kurzform von → Margarete.
Magali, Magalie Französische Kurzformen von → Magarete.
Magda Kurzform von → Magdalena.
Magdalena, Magdalene Hebräisch. 1. Die aus dem Ort Magdala Stammende. 2. Die Erhöhte, Erhabene.

IM FOKUS: MAGDALENA

Magdalena ist nicht das Richtige für euer Kind? Aber vielleicht gefällt euch eine Neben-, Kose- oder Kurzform dieses Namens?
Hier findet ihr Varianten aus den unterschiedlichsten Sprachen:

Lena, Lene, Leni, Madina, Madlen, Madlene, Magda, Magelone, Malen (Neben-und Kurzformen), Alena, Alene (slawisch, ungarisch), Lenka (slowakisch), Madalena, Maddalena (italienisch), Madeleine, Madeline (französisch), Maddy, Mady, Malina, Maline (englisch), Mailin (irisch), Malena, Malene (skandinavisch), Malin (schwedisch).

Magelone Variante von → Magdalena.
Magena Indianisch. Aufgehender Mond.
Maggie, Maggy Englische Kurzformen von → Margaret.
Magna 1. Lateinisch, weibliche Form von → Magnus. Die Große, Angesehene. 2. Variante von → Magnhild.
Magnhild Skandinavische Form von → Mathilde.
Magnolia Lateinisch. Nach der gleichnamigen Pflanze.
Mahala Hebräisch. Zartheit.
Mahina Hawaiisch. Mond.
Mai Friesische Kurzform von → Maria.
Maia Kurzform von → Maria.
Maida Altenglisch. Mädchen.
Maidie Englische Kurzform von → Margarete.
Maika Russische Koseform von → Maria.
Maike, Maiken Friesische Formen von → Maria.
Mailin Irische Form von → Magdalena.
Máire Irische Form von → Maria.
Mairi Schottische Form von → Maria.
Maisie Schottische Kurzform zu → Margarete.
Maite Spanisch. 1. Die Liebenswürdige. 2. Kurzform von Maria Teresa.
Maj Schwedische Kurzform von → Maria.

Maja 1. Kurzform von → Maria. 2. Lateinisch. Name der römischen Wachstumsgöttin. 3. Name einer altindischen Göttin.
Majbritt Schwedische Zusammensetzung aus → Maria und → Britta.
Makana Hawaiisch. Geschenk.
Makani Hawaiisch. Wind. *Auch männlicher Vorname.*
Makena Afrikanisch. Die Glückliche.
Malaika Variante von → Maleika.
Malanka Slawische Kurzform von → Melanie.
Male Kurzform von → Amalie, → Malwine.
Maleika Arabisch. Engel.
Malen Kurzform von → Magdalena.
Malena, Malene Skandinavische Kurzformen von → Magdalena.
Malenka Slawische Kurzform von → Melanie.
Malia, Malie Kurzformen von → Amalia.
Malin Schwedische Kurzform von → Magdalena.
Malina, Maline Englische Kurzformen von → Magdalena.
Malinda Altenglisch. Die Vornehme, Edle.
Malka Hebräisch. Königin.
Malou Zusammensetzung aus → Maria und → Louise.
Malulani Hawaiisch. Unter himmlischem Schutz.
Malve, Malwe 1. Kurzformen von → Malwine. 2. Nach der gleichnamigen Pflanze.
Malwine, Malvine Althochdeutsch. Gerichtsort und Freundin.
Mana Hawaiisch. Übernatürliche Macht.
Manda, Mandi Kurzformen von → Amanda.
Mandisa Afrikanisch. Die Süße.
Mandy Englische Kurzform von → Amanda.
Manfreda Althochdeutsch. Mann und Friede.
Manja Slawische Koseform von → Maria.
Manju Indisch. Die Schöne.
Manon Französische Koseform von → Maria.
Manuela, Manuella Spanisch. Gott ist mit uns.

Mara 1. Hebräisch. Die Bittere, Betrübte. 2. Bulgarische, serbische und kroatische Variante von → Maria.
Maralda Althochdeutsch. Pferd und herrschen.
Marcella Lateinisch. Die dem Kriegsgott Mars Geweihte.
Marcia Englisch. Geht zurück auf einen römischen Geschlechternamen.
Mareen Variante von → Maren.
Marei Koseform von → Maria.
Mareike Friesische Koseform von → Maria.
Mareile Koseform von → Maria.
Maren Dänische und friesische Form von → Marina.
Maresa Zusammensetzung aus → Maria und → Theresa.
Maret Skandinavische Variante von → Margarete.
Mareta, Marete Baltische Kurzformen von → Margarete.
Marfa Russische Form von → Martha.
Marga Kurzform von → Margarete.
Margalita Russische Form von → Margarete.
Margaret Englische Form von → Margarete.
Margareta Variante von → Margarete.
Margarete, Margarethe Lateinisch. Perle.
Margarita Russische und spanische Form von → Margarete.
Margaritta Rätoromanische Form von → Margarete.
Margaux Variante von → Margot.
Margery Englische Variante von → Margarete.
Margherita Italienische Form von → Margarete.
Margit Skandinavische Variante von → Margarete.
Margita, Margitta Kurzformen von → Margarete.
Margone Variante von → Margot.
Margot Französische Kurzform von → Margarete.
Margret, Margrit Kurzformen von → Margarete.
Margriet Niederländische Form von → Margarete.
Marguérite Französische Form von → Margarete.
Maria Griechische und lateinische Form von → Mirjam.

IM FOKUS: MARIA

Maria ist nicht das Richtige für euer Kind? Aber vielleicht gefällt euch eine Neben-, Kose- oder Kurzform dieses Namens?
Hier findet ihr Varianten aus den unterschiedlichsten Sprachen:

Maia, Maja, Marei, Mareile, Mariana, Mariane, Marie, Mariechen, Mariele, Marina, Marine, Marissa, Mia, Mitzi, Mizzi, Ria (Neben- und Kurzformen), Maarike (niederländisch), Mai, Maike, Maiken, Mareike, Marieke (friesisch), Máire, Maura (irisch), Mairi (schottisch), Maj (schwedisch), Mara (bulgarisch, serbisch, kroatisch), Marianka, Marja, Manja (slawisch), Mariam, Miriam, Mirjam (hebräisch), Mariella, Marietta, Mariola, Mariolina, Marisa (italienisch), Mariette, Marion, Manon (französisch), Maika, Marija, Maruschka, Marusja, Mascha (russisch), Marika, Marischka (ungarisch), Marilyn, Mary, Maureen (englisch), Maris (schweizerisch), Marita (spanisch), Mirja (finnisch).

Mariam   Variante von → Mirjam.

Mariana, Mariane   1. Erweiterte Formen von → Maria. 2. Lateinisch. Geht zurück auf einen römischen Geschlechternamen.

Marianka   Slawische Kurzform von → Maria.

Marianna, Marianne   Zusammensetzung aus → Maria und → Anne.

Marie   Variante von → Maria.

Marie-Antoinette   Französische Zusammensetzung aus → Marie und → Antoinette.

Marieke   Friesische Koseform von → Marie.

Mariele   Koseform von → Marie.

Marielene   Zusammensetzung aus → Marie und → Lene.

Mariella   Italienische Koseform von → Maria.

Marielle   Französische Koseform von → Maria.

Marieluise, Marie-Luise   Zusammensetzung aus → Marie und → Luise.

Marierose   Zusammensetzung aus → Marie und → Rose.

Marietheres, Marie-Theres Zusammensetzung aus → Marie und → Therese.
Marietta Italienische Koseform von → Maria.
Mariette Französische Koseform von → Maria.
Marija Russische Form von → Maria.
Marika Ungarische Kurzform von → Maria.
Mariko Japanisch. Kluges Mädchen.
Marilen, Marilena Zusammensetzung aus → Maria und → Magdalena.
Marilis, Marilisa Zusammensetzung aus → Maria und → Elisabeth.
Marilyn Englische Koseform von → Maria.
Marina, Marine 1. Erweiterte Formen von → Maria.
 2. Lateinisch. Die zum Meer Gehörende.
Marinella Italienische Koseform von → Marina.
Marinette Französische Koseform von → Marine.
Marini Afrikanisch. 1. Die Frische, Gesunde. 2. Die Hübsche, Schöne.
Mariola, Mariolina Italienische Koseformen von → Maria.
Marion Französische Koseform von → Maria.
Maris Schweizerische Koseform von → Maria.
Marisa Italienische Koseform von → Maria
Marischka Ungarische Koseform von → Maria.
Marisol Spanische Zusammensetzung aus → Maria und Sol (Sonne).
Marissa Erweiterte Form von → Maria.
Marit Skandinavische Form von → Margarete.
Märit Skandinavische Variante von → Margarete.
Marita Spanische Koseform von → Maria.
Marja Slawische Form von → Maria.
Marjolaine Niederländisch. Majoran.
Marjorie, Marjory Englische Varianten von → Margaret.
Marketa Tschechische Form von → Margarete.
Marla Kurzform von → Marlene.
Marleen, Marlen Varianten von → Marlene.
Marlena, Marlene Zusammensetzung aus → Maria und → Magdalena.
Marlies, Marliese Zusammensetzung aus → Maria und → Lise.

Marlis, Marlise Zusammensetzung aus → Maria und → Lise.
Marlit, Marlitt Zusammensetzung aus → Marlene und → Melitta.
Marte Variante von → Martha, → Martina.
Marta, Martha Aramäisch. Herrin.
Marthe Variante von → Martha.
Martina Lateinisch. Geht zurück auf einen römischen Beinamen.
Martine Französische Form von → Martina.
Martje 1. Friesische Form von → Martha.
    2. Niederländische Kurzform von → Martina.
Maruschka Russische Koseform von → Maria.
Marusja Russische Koseform von → Maria.
Mary Englische Form von → Maria.
Marylou Englische Zusammensetzung aus → Mary und → Louise.
Maryvonne Schweizerische Zusammensetzung aus → Marie und
    → Yvonne.
Marzella Variante von → Marcella.
Masago Japanisch. Sand.
Masako Japanisch. Aufrichtigkeit, Kind.
Mascha Russische Koseform von → Maria.
Matana Hebräisch. Gabe, Geschenk.
Matea Spanisch. Gottesgeschenk.
Mathilda, Mathilde, Matilda, Matilde Althochdeutsch. Macht und Kampf.
Mattea Variante von → Matea.
Maud, Maude Englische Kurzformen von → Mathilda.
Maura 1. Lateinisch. Die Maurische. 2. Irische Form von → Maria.
Maureen Englische Koseform von → Maria.
Mauricette Französisch, weibliche Form von → Maurice (→ Moritz).
    Die Maurische.
Maurilia, Maurina Italienische erweiterte Formen von → Maura.
Maurizia Italienisch. Die Maurische.
Mavie Englisch, altfranzösischen Ursprungs. Singdrossel.
Maxi Kurzform von → Maximiliane.
Maxilie Kurzform von → Maximiliane.

Maxima Lateinisch. Die Größte, Älteste, Erhabenste.
Maximiliana, Maximiliane Lateinisch. Die Größte, Sonnige.
Maxine Französische Variante von → Maximiliana.
May 1. Englische Kurzform von → Mary. 2. Englisch. Mai.
Maya Variante von → Maja.
Maybrit Variante von → Majbritt.
Maylea Hawaiisch. Wildblume.
Meara Irisch. Fröhlichkeit, Heiterkeit.
Mechthild, Mechthilde Varianten von → Mathilda.
Medea Griechisch. Die Nachdenkende, Geschickte.
Meg Englische Kurzform von → Margaret.
Megan Walisische Form von → Margaret.
Meggy Englische Kurzform von → Margaret.
Meike Variante von → Maike.
Meina Althochdeutsch. Macht, Kraft.
Meinhild, Meinhilde Althochdeutsch. Kraft/Macht und Kampf.
Mela, Melana Slawische Koseformen von → Melanie.
Melania, Melanie Griechisch-Lateinisch. Die Dunkle, Schwarze.
Melanka Slawische Koseform von → Melanie.
Melek Türkisch. Engel.
Melia Spanische Kurzform von → Amelia.
Melina Griechisch. Die von der Insel Melos Stammende.
Melinda Englische Variante von → Melanie oder → Melissa.
Melisanda, Melisande Germanisch. Liebe oder die Starke.
Melissa Variante von → Melitta.
Melitta Griechisch. Die Biene, die Bienenfleißige.

25 DREISILBIGE MÄDCHENNAMEN

Alina, Amelie, Annabell, Annika, Charlotte, Elena, Elina, Emily, Fiona, Franziska, Helena, Isabell, Johanna, Julia, Leonie, Luisa, Marlene, Mathilda, Melina, Pauline, Rosalie, Selina, Sophia, Tabea, Theresa.

Melli Koseform von → Melanie oder Vornamen, die auf -mela enden.
Melody Englisch. Melodie.
Melusine Französisch. Geht zurück auf eine schöne Meerfee in einer altfranzösischen Sage.
Mena, Menna Ostfriesische Kurzformen von Vornamen mit Mein-.
Meral Persisch. Reh.
Mercedes Spanische Variante von → Maria.
Meredith Altwalisisch. Große Führerin, Wächterin. *Auch männlicher Vorname.*
Meret Variante von → Margarete.
Merit Schwedische Variante von → Margarete.
Merret Variante von → Margarete.
Merle Englisch, altfranzösischen Ursprungs. Amsel.
Merlind, Merlinde Althochdeutsch. Berühmt und Lindenholzschild.
Merula Lateinisch. Amsel.
Meryl Variante von → Muriel.
Meta Kurzform von → Margarete.
Metta, Mette Friesische Kurzformen von → Mechthild.
Mia Kurzform von → Maria.
Micaela Italienische und spanische Form von → Michaela.
Micha Kurzform von → Michaela. *Auch männlicher Vorname.*
Michaela, Michaele Hebräisch. Wer ist wie Gott?
Michalina Russische Form von → Michaela.
Michaline Variante von → Michaela.
Michela Italienische Form von → Michaela.
Michèle Französische Form von → Michaela.
Micheline Englische und französische Variante von → Michaela.
Michelle Englische und französische Form von → Michaela.
Michiko Japanisch. Schönes Kind.
Mie Kurzform von → Marie.
Mieke Norddeutsche Koseform von → Marie.
Mientje Friesische Koseform von Vornamen, die auf -mina enden.
Mieze Norddeutsche Koseform von → Marie.

Migina Indianisch. Zunehmender Mond.
Mignon Französisch. Die Niedliche, Zierliche.
Miguela Spanische Form von → Michaela.
Mihala Russische Form von → Michaela.
Mihaéla Ungarische Form von → Michaela.
Mika Kurzform von → Michaela. *Auch männlicher Vorname.*
Mikaela Schwedische Form von → Michaela.
Mila Slawische Kurzform von → Ludmilla.
Milana Tschechisch. Die Liebe, Teure.
Milda Kurzform von Vornamen mit Mil-, Mild-.
Mildred Englisch, altsächsischen Ursprungs. Mild und Kraft.
Milena Variante von → Milana.
Milenka Variante von → Milana.
Miley Altirisch. Die Liebenswürdige.
Milka 1. Slawische Koseform von → Ludmilla. 2. Hebräisch. Königin.
Milla, Milli Koseformen von → Camilla, → Ludmilla, → Emilia.
Millicent Englische Variante von → Melusinda.
Milly Koseform von → Camilla, → Ludmilla, → Emilia.
Miltraud, Miltrud Althochdeutsch. Mild und Kraft.
Milva Italienische Zusammensetzung aus → Maria und → Ilva.
Mimi Koseform von → Emilie, → Maria, → Wilhelmine.
Mina Kurzform von → Wilhelmine, → Hermine.
Minda Indisch. Wissen, Weisheit.
Mine Kurzform von → Wilhelmine, → Hermine.
Minerva Griechisch-Lateinisch. Die Kluge.
Minette Französische Kurzform von → Wilhelmine.
Minika Variante von → Dominika.
Minka Polnische Kurzform von → Minna.
Minna Eigenständige Kurzform von → Wilhelmine.
Minni, Minnie Englische Koseformen von → Minna.
Minou Französisch, persischer Herkunft. Paradies, Himmel.
Mira Kurzform von → Mirabella, → Miranda, → Palmira.
Mirabell, Mirabella Italienisch. Die Wunderschöne.

Miranda   Englisch. Die Wunderbare.
Mireille   Französische Form von → Mirella.
Mirella   Italienische Variante von → Mirabella.
Miriam   Variante von → Mirjam.
Mirja   Finnische Form von → Maria.
Mirjam   Hebräisch-Aramäisch. Die Widerspenstige, Ungezähmte.
Mirjana   Slawisch. Friede und Ruhm.
Mirka   Tschechisch. Friede und Ruhm.
Mitzi   Süddeutsche Koseform von → Maria.
Miya   Japanisch. Tempel.
Miyu   Japanisch. Schöne Feder.
Mizzi   Süddeutsche Koseform von → Maria.
Moana   Hawaiisch. Unendlichkeit der Meere, Ozean.
Modesta   Lateinisch. Die Bescheidene.
Mohini   Indisch. Die Schönste.
Moira   1. Irisch. Die Große. 2. Griechisch. Schicksal, Glück.
Molly   Englische Koseform von → Mary.
Momo   Fantasiename, geht zurück auf die Titelfigur von Michael Endes gleichnamigen Roman.
Mona   1. Kurzform von → Monika. 2. Irisch. Die Edle.
Moni   Kurzform von → Monika.
Monia   Russisch. Die Harmonische.
Monica, Monika   Griechisch, Lateinischen Ursprungs. Einsiedlerin.
Monique   Französische Form von → Monika.
Monja   1. Russische Kurzform von Matronja oder Salomonja. 2. Variante von → Monia.
Montserrat   Spanisch. Gezackter Berg.
Morena   Italienisch. Die Dunkle, Schwarze.
Munira   Arabisch. Die Leuchtende.
Muriel   Englisch, keltischer Herkunft. Glänzendes Meer.
Myriam   Variante von → Mirjam.
Myrna   Englisch, irischen Ursprungs. Die Sanfte, Freundliche.
Myrta   Griechisch. Nach der gleichnamigen Pflanze.

Nabila Arabisch. Die Edle.
Nada Südslawische Kurzform von → Nadjeschda.
Nadeschda Variante von → Nadjeschda.
Nadia Romanische und niederländische Variante von → Nadja.
Nadine Französische erweiterte Form von → Nadja.
Nadinka Koseform von → Nadja.
Nadja Russische Koseform von → Nadjeschda.

25 RUSSISCHE MÄDCHENNAMEN

Alina, Alissa, Anja, Feodora, Galina, Ganja, Irina, Jekaterina, Jelena, Kalinka, Katinka, Katja, Kira, Lara, Ludmilla, Mascha, Monja, Nadja, Nastasja, Natascha, Sanja, Sascha, Tanja, Tatjana, Ulita.

Nadjeschda Russisch. Hoffnung.
Naemi Variante von → Noemi.
Nagina Indisch. Juwel.
Nahtanha Indianisch. Kornblume.
Naila Türkisch. Die, die ihre Ziele erreicht.
Naima Arabisch. Die Sorgenfreie.
Naja Grönländisch. Kleine Schwester.
Nalani Hawaiisch. Ruhe der Himmel.
Nana Koseform von → Anna.
Nancy Englische Koseform von → Anne.
Nanda Kurzform von → Ferdinanda.
Nandita Indisch. Die Glückliche.
Nane Koseform von → Anna.
Nanette Französische Koseform von → Anna.
Nanja Russische Kurzform von → Anastasia.
Nanna, Nanne Koseformen von → Anna, → Marianne.

Nannette Französische Koseform von → Anna.
Nanni Süddeutsche Koseform von → Anna, → Marianne.
Nanon Französische Koseform von → Anna.
Nantje Friesische Koseform von Vornamen mit Na-.
Naomi Variante von → Noemi.
Nara Englisch, keltischer Herkunft. Die Glückliche.
Nastasja, Nastassja Russische Koseformen von → Anastasia.
Nastja Russische Kurzform von → Anastasia.
Nasya Hebräisch. Wunder Gottes.
Nata Kurzform von → Renata, → Renate.
Natalia, Natalie Lateinisch. Die zu Weihnachten Geborene.
Natalina Erweiterte Form von → Natalia.
Natalija, Natalja Russische Formen von → Natalia.
Natascha Russische Koseform von → Natalia.
Nate Kurzform von → Renata, → Renate.
Navina Indisch. Die Neue.
Nayana Indianisch. Mädchen mit schönen Augen.
Nazan Türkisch. Die Schöne.
Neala Irisch. Meisterin.
Neela, Neele Kurzformen von → Cornelia.
Neeltje Friesische Koseform von → Cornelia.
Neka Indianisch. Wildgans.
Nelda Kurzform von → Thusnelda.
Nele Kurzform von → Cornelia, → Daniela.
Nelli Kurzform von → Helena, → Eleonora, → Cornelia.
Nelly Englische Form von → Nelli.
Nena Koseform von → Magdalena oder anderen Vornamen, die auf -ena enden.
Neneh Afrikanisch. Große Mutter.
Nerina Griechisch. Meerjungfrau, Nymphe.
Nesrin Türkisch. Wildrose.
Neta, Nete Schwedische und dänische Kurzformen von → Agneta.
Netta, Nette, Netti, Netty Kurzformen von → Jeannette, → Antoinette und → Annette.

Nia Afrikanisch. Ich will.

Niamh Irisch. Die Leuchtende, Strahlende.

Nica Kurzform von → Nikola.

Nicki, Nicky Koseformen von → Nikola, → Nicole. *Auch männlicher Vorname.*

Nicla Italienische Form von → Nikola.

Nicola Variante von → Nikola.

IM FOKUS: NICOLA/NIKOLA

Nicola/Nikola ist nicht das Richtige für euer Kind? Aber vielleicht gefällt euch eine Neben-, Kose- oder Kurzform dieses Namens?
Hier findet ihr Varianten aus den unterschiedlichsten Sprachen:

Nica, Nicki, Nicky, Nika, Niki, Nikole, Nikolette, Nikolina, Nikoline (Neben- und Kurzformen), Nicla, Nicoletta, Nicolina (italienisch), Nicole, Nicolette, Nicoline (französisch).

Nicole Französische Form von → Nikola.

Nicoletta Italienische erweiterte Form von → Nikola.

Nicolette Französische Koseform von → Nicole.

Nicolina Italienische erweiterte Form von → Nikola.

Nicolette Französische Koseform von → Nicole.

Nika Kurzform von → Veronika, → Nikola.

Nike Griechisch. Sieg.

Niki Koseform von → Nikola. *Auch männlicher Vorname.*

NIKITA – TOP ODER FLOP?

Nikita ist eine russische Kurzform von Nikolai und daher ein männlicher Vorname. Trotzdem entschied das Amtsgericht Tübingen, dass auch ein Mädchen Nikita heißen darf. Voraussetzung ist allerdings ein weiterer, eindeutig weiblicher Vorname.

Nikola Griechisch. Sieg und Volk. *Auch männlicher Vorname.*
Nikole Variante von → Nikola.
Nikolette Erweiterte Form von → Nikole.
Nikolina, Nikoline Erweiterte Formen von → Nikole.
Nina Kurzform von Vornamen, die auf -ina enden.
Ninetta Italienische Koseform von → Nina.
Ninette Französische Koseform von → Nina.
Ninja, eigentlich Niña. Eingedeutschte portugiesische und spanische Form von → Nina.
Ninon Französische Form von → Nina.
Nirveli Indisch. Wasser, Kind des Wassers.
Nisha Arabisch. Nacht.
Nishi Japanisch. Westen.
Nita Dänische und schwedische Kurzform von → Anita und anderen Vornamen, die auf -ita enden.
Nives Italienisch und Schweizerisch. Die Schneeweiße.
Nizana Hebräisch. Knospe.
Noa Hebräisch. Die Ruhe Bringende.
Noelani Hawaiisch. Die Schöne vom Himmel.
Noëlle Französisch. Weihnachten.
Noemi Hebräisch. Freude.
Nona Schwedisch, lateinischer Herkunft. Die Neunte. Auch Name der römischen Göttin der Geburt.
Nonna, Nonny Schwedische Kurzformen von → Eleonora, → Yvonne.
Nora, Norah 1. Irisch. Fackel. 2. Kurzformen von → Eleonora.
Norberta Althochdeutsch. Norden und glänzend.
Nordrun Althochdeutsch. Norden und Geheimnis.
Noreen Irische Koseform von → Nora.
Norgard Althochdeutsch. Norden und Hort/Schutz.
Norhild, Norhilde Althochdeutsch. Norden und Kampf.
Norina Italienische erweiterte Form von → Nora.
Norita Spanische Koseform von → Nora.
Norma Englisch, lateinischen Ursprungs. Gebot, Richtlinie.
Nova Lateinisch. Die Neue.

> **NOVEMBER – TOP ODER FLOP?**
>
> April oder June sind im englischsprachigen Raum häufige (weibliche) Vornamen. Aber darf ein Kind in Deutschland November heißen? Nein, entschied das Amtsgericht Tübingen 1995. Elf Jahre später ließ jedoch das Landgericht Bonn den Namen Joel November Severin für einen Jungen zu. Und auch die Mädchen zogen nach. Im November (!) 2007 wurde im Standesamt von Bad Oldesloe die Geburt einer Svea November beurkundet.

Nuala Irisch. Die Weißschultrige.
Nunzia Kurzform von → Annunziata.
Nuria Spanisch. Geht zurück auf einen Ortsnamen.
Nurit Hebräisch. Butterblume.
Nutan Indisch. Die Neue.

Obba Friesische Kurzform von Vornamen mit Od-.
Oceana Variante von → Ozeana.
Octavia Lateinisch. Geht zurück auf einen römischen Geschlechternamen.
Oda Eigenständige Kurzform von Vornamen mit Ot-.
Odalinde Althochdeutsch. Besitz und Lindenholzschild.
Odessa Russisch. Nach der gleichnamigen Stadt.
Odette Französische Koseform von → Odilia.
Odila Koseform von → Oda.
Odile Französische Form von → Odilia.

Odilgard Althochdeutsch. Besitz und Hort/Schutz.
Odilia, Odilie Erweiterte Formen von → Oda.
Odina, Odine Varianten von → Oda.
Ofira Hebräisch. Gold.
Okelani Hawaiisch. Die aus dem Himmel.
Oktavia Variante von → Octavia.
Olathe Indianisch. Die Schöne.
Olena Griechisch. Licht.
Olesia Russisch. Beschützerin.
Olga Russische Form von → Helga.
Oliva Italienische Form von → Olivia.
Olive Englische und französische Form von → Olivia.
Olivia Lateinisch. Ölbaum, Olive.
Oliwia Polnische Form von → Olivia.
Olla Koseform von → Olga, → Olivia.
Olli Koseform von → Olivia. *Auch männlicher Vorname.*
Olympia Griechisch. Die vom Berg Olymp Stammende.
Ona Baskisch. Die Gute, die mit Glück und Vermögen Gesegnete.
Onawa Indianisch. Die Hellwache.
Oneka Variante von → Ona.
Onida Indianisch. Die Ersehnte.
Onna Friesische Kurzform von Vornamen mit Ot-.
Onorata Italienisch. Die Geehrte.
Oona Variante von → Oonagh.
Oonagh Irisch. Die Einzige.
Ophelia Griechisch. Hilfe, Beistand.
Ophira Hebräisch. Gold.
Orane Französische Form von → Orania.
Orania Griechisch. Die Himmlische.
Orea Griechisch. Die Schöne.
Oreana Variante von → Orea.
Orella Baskische Form von → Aurelia.
Orla Kurzform von → Orsola.

Orlagh Irisch. Goldene Prinzessin.
Ornella Italienisch. Esche.
Orsina, Orsine Varianten von → Ursula.
Orsola Italienische Form von → Ursula.
Ortensia Rätoromanische Form von → Hortensia.
Orthea, Orthia Kurzformen von → Dorothea.
Ortrun Althochdeutsch. Spitze (der Waffe) und Geheimnis.
Osane Baskisch. Die Hilfebringende, Heilende.
Ostara Germanisch. Die Frühlingshafte, Göttin des Frühlings.
Ota Eigenständige Kurzform zu Vornamen mit Ot-.
Othild, Othilde Althochdeutsch. Besitz und Kampf.
Otlinde, Ottlinde Althochdeutsch. Besitz und Lindenholzschild.
Otti Kurzform von → Ottilie.
Ottilia, Ottilie Varianten von → Odilia. Besitz.
Oxana Russische Variante von → Xenia.
Ozeana Lateinisch. Ozean, Meer.

Padma Indisch. Lotos.
Palila Hawaiisch. Vogel.
Palmira Italienisch. Palmsonntag.
Paloma Spanisch. Taube.
Pam Kurzform von → Pamela.
Pamela Englisch, Griechischen Ursprungs. Die ganz Schwarze.
Pamina Griechisch. (Vermutlich) Vollmondnacht.
Pancha Spanische Koseform von → Francisca.
Pandora Griechisch. Die Allbeschenkte.
Panja Russische Kurzform von Vornamen, die auf -nja enden.

Panya Afrikanisch. Mäuschen.
Paola Italienische Form von → Paula.
Paolina Erweiterte Form von → Paola.
Papatya Türkisch. Kamille.
Parvati Indisch. Tochter der Berge.
Pascale Französisch. Die zu Ostern Gehörende, die Österliche.
Pascaline Erweiterte Form von → Pascale.
Pat Koseform von → Patricia. *Auch männlicher Vorname.*
Patrice Englische und französische Form von → Patricia.
Auch männlicher Vorname.
Patricia, Patrizia Lateinisch. Die zum altrömischen Adel Gehörende.
Patsy Englische Koseform von → Patricia.
Patti, Patty Englische Koseformen von → Patricia.
Auch männlicher Vorname.
Paula Lateinisch. Die Kleine.

IM FOKUS: PAULA

Paula ist nicht das Richtige für euer Kind? Aber vielleicht gefällt euch eine Neben-, Kose- oder Kurzform dieses Namens?
Hier findet ihr Varianten aus den unterschiedlichsten Sprachen:

Pauletta, Paulina, Pauline (Nebenformen), Paola, Paolina (italienisch), Paule, Paulette, Pauline (französisch), Pola (slawisch).

Paule Französische Form von → Paula.
Pauletta Erweiterte Form von → Paula.
Paulette Französische Koseform von → Paula.
Paulina, Pauline Erweiterte Formen von → Paula.
Pavla Slawische Form von → Paula.
Pazia Hebräisch. Die Goldene.
Pea Kurzform von Vornamen mit Pe-.
Pearl Englisch. Perle.

> **PEBBLES – TOP ODER FLOP?**
>
> Pebbles ist als Tochter der TV-Cartoon-Familie Feuerstein bekannt. Und seit 1993 darf auch ein Mädchen in Deutschland diesen Namen tragen. Das Amtsgericht Bayreuth entschied nämlich, dass ein Mädchen Marie Yasmin Pebbles heißen darf. Jabbadabbadu!

Peetje   Friesische Koseform von → Petra.
Peggy   Englische Koseform von → Margaret.
Pelagia   Griechisch. Offene See.
Penda   Afrikanisch. Die Geliebte.
Penelope   Griechisch. Bedeutung unklar.
Penina   Hebräisch. Perle.
Penny   Englische Kurzform von → Penelope.
Pepita   Spanische Koseform von → Josefa.
Peppina   Italienische Koseform von → Josefina.
Perdita   Lateinisch. Die Verlorene.
Peregrina   Lateinisch. Fremde, Reisende.
Perette   Französische Koseform von → Petra.
Perla   Italienisch/Spanisch. Perle.
Pernilla, Pernille   Dänische und schwedische Formen von → Petronella.
Petje   Friesische Kurzform von → Petra.
Petra   Griechisch-Lateinisch. Fels, Felssitz.
Petrina, Petrine   Erweiterte Formen von → Petra.
Petronella   Erweiterte Form von → Petronia.
Petronia   Lateinisch. Geht zurück auf einen römischen Geschlechternamen.
Petronilla   Erweiterte Form von → Petronia.
Petula   Lateinisch. Die Ausgelassene, Mutwillige.
Petunia   Französisch. Nach der gleichnamigen Blume.
Phaedra, Phedre   Griechisch. Die Strahlende.
Phemia   Englisch, griechischer Herkunft. Stimme.

Phenice Englisch, griechischer Herkunft. Die Purpurne.
Phila Kurzform von → Philomela, → Philomena.
Philina, Philine Griechisch. Die Treue, Liebe.
Philippa Griechisch. Pferdefreundin.
Philippina, Philippine Varianten von → Philippa.
Philomela, Philomele Griechisch. Freundin des Gesangs.
Philomena, Philomene Griechisch. Die der Liebe und Freundschaft treu bleibt.

PFEFFERMINZE – TOP ODER FLOP?

Darf ein Mädchen Pfefferminze heißen? Nein, entschied das Amtsgericht Traunstein im Jahr 1995.

Phöbe, Phoebe Griechisch. Die Strahlende.
Phyllis Griechisch. Blätter, Laub.
Pia Lateinisch. Die Fromme, Gottesfürchtige.
Piata Erweiterte Form von → Pia.
Piera Italienische Form von → Petra.
Pierangela Italienische Zusammensetzung aus → Piera und → Angela.
Pierina Italienische Koseform von → Piera.
Pierrette Französische Form von → Petra.
Pierrine Französische Form von → Petra.
Pikka Skandinavische Kurzform von → Birgitta.
Pilar Spanisch. Pfeiler.
Pinar Türkisch. Quelle. *Auch männlicher Vorname.*
Pinga Indisch. Die Schwarze.
Pippa Italienische Kurzform von → Philippa.
Pippi 1. Kurzform von → Philippa. 2. Fantasiename nach Astrid Lindgrens Kinderbuchfigur „Pippi Langstrumpf".
Pirkko Finnische Variante von → Brigitta.

> **25 UNGARISCHE MÄDCHENNAMEN**
>
> Alena, Aniko, Aranka, Arnika, Dorina, Ferike, Ildiko, Ilka, Ilona, Ilonka, Janka, Jelka, Julika, Julischka, Katalin, Katinka, Katka, Marika, Marischka, Mihaéla, Piroschka, Rella, Romika, Rosika, Terka.

Piroschka Ungarische Form von → Prisca.

Placida Lateinisch. Die Sanfte, Ruhige.

Pola Slawische Form von → Paula.

Poldi Süddeutsche Kurzform von → Leopolda.
  Auch männlicher Vorname.

Polly Englische Koseform von → Apollonia.

Polyxenia Griechisch. Die Gastfreundliche, Gastliche.

Pretiosa, Preziosa Lateinisch. Die Kostbare.

Prisca Lateinisch. Die Ernsthafte, Strenge.

Priscilla Erweiterte Form von → Prisca.

Priska Variante von → Prisca.

Prudentia Lateinisch. Klugheit, Vorsicht.

Prunella Lateinisch. Kleine Pflaume.

Pualani Hawaiisch. Himmlische Blume.

Pulcheria Lateinisch. Die Schöne.

Punam Indisch. Vollmond.

Punita Indisch. Die Reine.

Q

Qamar   Arabisch. Mond.
Qitura   Arabisch. Duft.
Querida   Spanisch. Die Geliebte.

25 SPANISCHE MÄDCHENNAMEN

Anita, Benita, Blanka, Calida, Carlota, Carmen, Consuela, Dolores, Elena, Elmira, Esmeralda, Evita, Ines, Juanita, Luisa, Mercedes, Nuria, Paloma, Pepita, Pilar, Querida, Ramona, Ricarda, Rosalita, Rosita.

Quiana   Indianisch. Die Anmutige.
Quintina   Lateinisch. Die Fünfte.
Quirina   Lateinisch. Die Kriegsmächtige, Kriegerische.

R

Rabea, Rabia   Arabisch. Frühling.
Rachel   Variante von → Rahel.
Rachele, Rachelle   Italienische Formen von → Rahel.
Rada   Kurzform von Vornamen mit Rade- und -rade.
Radegund, Radegunde   Althochdeutsch. Ratgeber und Kampf.
Radka   Slawisch, weibliche Form von → Radek.
Radomila   Slawisch. Froh und lieb/angenehm.

Radost Slawisch. Freude.

Rafaela, Raffaela Varianten von → Raphaela.

Ragini Indisch. Melodie.

Ragna Skandinavische Kurzform von → Ragnhild.

Ragnhild Skandinavische Form von → Reinhild.

Raha Afrikanisch. Freude. *Auch männlicher Vorname.*

Rahel Hebräisch. Mutterschaf.

Raika Bulgarische Koseform von → Raja.

Raina Französisch. Königin.

Raissa Russisch. Die Unbeschwerte.

Raja Russisch. Die aus dem Paradies.

Rajani Indisch. Die Dunkle.

Rajka Bulgarische Koseform von → Raja.

Raku Japanisch. Freude, Vergnügen.

Ramona Spanisch. Rat und Beschützerin.

Rana Türkisch, arabischer Herkunft. Die Liebliche, Schöne.

Randi Skandinavische Kurzform von → Ragnhild.

Rani Indisch. Königin.

Ranita Hebräisch. Lied, Glück.

Ranva Skandinavisch. Schöner Rabe.

Raphaela Hebräisch. Gott heilt.

Ratburg, Ratburga Althochdeutsch. Ratgeber und Schutz.

Rathild, Rathilde Althochdeutsch. Ratgeber und Kampf.

Ratri Indisch. Nacht.

Raven Englisch. Rabe.

Rea Variante von → Rhea.

Rebecca Englische Form von → Rebekka.

Rebekka Hebräisch. Die Fesselnde, Bestrickende.

Recha Hebräisch. Die Zarte, Weiche.

Reela Friesische Kurzform von → Regelinde.

Reem Arabisch. Weiße Antilope.

Regelinde Althochdeutsch. Rat/Beschluss und nachgiebig.

Regina   Lateinisch. Königin.
Regine   Variante von → Regina.
Reglinde   Variante von → Regelinde.
Regula   Lateinisch. Regel, Richtschnur.
Reimara   Althochdeutsch. Rat/Beschluss und berühmt.
Reina, Reine   1. Friesische Kurzform von Vornamen mit Rein-.
   2. Variante von → Regina.
Reinhild, Reinhilde   Althochdeutsch. Rat/Beschluss und Kampf.
Reinka, Reinke   Norddeutsche Kurzformen von Vornamen mit Rein-.
Reinolde   Althochdeutsch. Rat/Beschluss und herrschen.
Reintje   Friesische Kurzform von Vornamen mit Rein-.
Reja   Russisch, lateinischer Herkunft. Die Goldene.
Reka   Hebräisch. Die Zarte, Weiche.
Rela, Rele   Friesische Kurzformen von → Regelinde.
Rella   Ungarische Kurzform von → Aurelia.
Ren   Japanisch. Lotos.
Rena   1. Friesische Kurzform von Vornamen mit Rein-.
   2. Kurzform von → Irene, → Renate, → Verena.
Renata   Italienische Form von → Renate.
Renate   Lateinisch. Die Wiedergeborene.
Renée   Französische Form von → Renate.
Renette   Französische Koseform von → Renée.
Reni   Kurzform von → Irene, → Renate.
Renja   Russische Kurzform von → Regina. *Auch männlicher Vorname.*
Rensje, Renske, Rentje   Friesische Kurzformen von Vornamen mit Rein-.
Renza   Kurzform von → Lorenza.
Resi   Süddeutsche Kurzform von → Therese.
Reta   Lateinisch. Die aus Raetia (Landschaft zwischen Donau, Rhein und Lech) Stammende.
Rhea   Griechisch. Figur aus der griechischen Mythologie, die Mutter des Zeus.

25 MÄDCHENNAMEN AUS DEM GRIECHISCHEN

Cassandra, Clorinda, Damaris, Daphne, Dido, Dorothea, Gaia, Helena, Iris, Jolanda, Katharina, Larissa, Lavinia, Leandra, Melanie, Monika, Pandora, Penelope, Philippa, Rhea, Salome, Selena, Sophia/Sophie, Theodora, Veronika.

Rhiannon Keltisch. Große Königin.
Rhoda Englisch, griechischer Herkunft. Rose.
Rhona Irisch. Raue Insel.
Rhonda Keltisch. Guter Speer.
Ria Kurzform von → Maria.
Riana Erweiterte Form von → Ria.
Rica Spanische Kurzform von → Richarda.
Ricarda Spanische Form von → Richarda.
Ricca Italienische Kurzform von → Riccarda.
Riccarda Italienische Form von → Richarda.
Richarda Althochdeutsch. Reich und stark.
Ricka, Ricke Friesische Kurzformen von Vornamen mit Rich-, wie z. B. Richhild (Althochdeutsch. Reich und Kampf).
Rieka, Rieke, Riekje Norddeutsche und niederländische Kurzformen von → Friederike, → Henrike.
Rihanna Amerikanische Variante von → Adriana.
Rika, Rike Kurzformen von → Friederike, → Henrike, → Richarda.
Rina Kurzform von → Katharina und anderen Vornamen, die auf -ina enden.
Rita Kurzform von → Margarete.
Rivana Lateinisch. Bach.
Rivka 1. Neuhebräische Form von → Rebekka.
2. Russische Kurzform von → Margarete.
Rixa Kurzform von Vornamen mit Rich-.
Roberta Althochdeutsch. Ruhm und glänzend.
Robertina, Robertine Varianten von → Roberta.

Robina, Robine Weibliche Formen von → Robin.
Rochelle Französisch. Kleiner Felsen.
Rohana Indisch. Sandelholz.
Róis, Róise, Róisin Irische Formen von → Rosa.
Rolanda, Rolande Althochdeutsch. Ruhm und Land.
Roma Kurzform von → Romana.
Romaine Französische Form von → Romana.
Romana Lateinisch. Die Römerin.
Romea Italienische Form von → Romana.
Romika Ungarische Koseform von → Romana.
Romina Koseform von → Roma.
Romy Kurzform von → Rosemarie.
Rona 1. Englische Form von → Rhona.
  2. Kurzform von → Corona, → Rowena.
Ronja 1. Russische Kurzform von → Veronika, → Roxana.
  2. Schwedischer Fantasiename nach Astrid Lindgrens Kinderbuchfigur „Ronja Räubertochter".
Roos Niederländische Form von → Rosa.
Ros Kurzform von → Rosa.
Rosa Italienisch. Rose.

IM FOKUS: ROSA

Rosa ist nicht das Richtige für euer Kind? Aber vielleicht gefällt euch eine Neben-, Kose- oder Kurzform dieses Namens?
Hier findet ihr Varianten aus den unterschiedlichsten Sprachen:

Ros, Rosalind, Rosalinda, Rosalinde, Rosamaria, Rosamunde, Rose, Rosel, Roselinde, Roseline, Rosemarie, Rosi, Rosine, Rosine (Neben- und Kurzformen), Róis, Róise, Róisin, Rosaleen (irisch), Roos (niederländisch), Rosabella, Rosalba, Rosalia, Rosangela, Rosanna, Rosaria, Rosella, Rosetta, Rosina (italienisch), Rosalie, Rosanne, Rosette (französisch), Rosamond, Rose, Rosemary (englisch), Rosalita, Roselita, Rosita (spanisch), Rosika (ungarisch).

Rosabella Italienisch. Schöne Rose.
Rosalba Italienisch. Weiße Rose.
Rosaleen Irische Form von → Rosa.
Rosalia Italienische erweiterte Form von → Rosa.
Rosalie Französische erweiterte Form von → Rosa.
Rosalind, Rosalinda, Rosalinde Zusammensetzung aus → Rosa und Vornamen, die auf -lind, -linde enden.
Rosalita Spanische erweiterte Form von → Rosa.
Rosamaria Variante von → Rosemarie.
Rosamond Englische Form von → Rosamunde.
Rosamunde Althochdeutsch. Ruhm und Schutz der Unmündigen.
Rosangela Italienische Zusammensetzung aus → Rosa und → Angela.
Rosanna Italienische Zusammensetzung aus → Rosa und → Anna.
Rosanne Französische Zusammensetzung aus → Rosa und → Anne.
Rosaria Italienische Zusammensetzung aus → Rosa und → Maria.
Rose 1. Variante von → Rosa. 2. Englische Form von → Rosa.
Rosel Koseform von → Rosa, → Rose.
Roselinde, Roseline Zusammensetzung aus → Rosa und Vornamen, die auf -lind, -linde enden.
Roselita Spanische Koseform von → Rosita.
Rosella Italienische erweiterte Form von → Rosa.
Rosemarie, Rosmarie Zusammensetzung aus → Rose und → Maria.
Rosemary Englische Zusammensetzung aus → Rose und → Mary.

ROSENHERZ – TOP ODER FLOP?

Kombinationen mit Rosa- oder Rose- gibt es viele. Aber darf ein Mädchen Rosenherz heißen? Nein, auch nicht mit drittem Vornamen, entschied das Amtsgericht Nürnberg.

Rosetta Italienische Koseform von → Rosa.

Rosette Französische Koseform von → Rose.

Rosi Koseform von → Rosa.

Rosika Ungarische Koseform von → Rosa.

Rosina, Rosine Varianten von → Rosa.

Rosita Spanische Koseform von → Rosa.

Rossana Italienische Form von → Roxana.

Roswita, Roswitha Althochdeutsch. Ruhm und stark/geschwind.

Rotraud, Rotraut Althochdeutsch. Ruhm und Kraft.

Rowena Englisch. Berühmte Freundin.

Roxana, Roxane, Roxanne Persisch. Die Lichte, Helle.

Roya Persisch. Traum.

Rubina Spanisch. Rubin.

Ruby Englisch. Rubin.

Rudolfa Althochdeutsch. Ruhm und Wolf.

Rufina Lateinisch. Die Rote, Rothaarige.

Runa Kurzform von Vornamen mit Run-.

Rune Schwedische Kurzform von Vornamen mit Run-.
  Auch männlicher Vorname.

Ruperta Althochdeutsch. Ruhm und glänzend.

Ruri Japanisch. Smaragd.

Rut, Ruth Hebräisch. Freundin, Labsal.

Sabah Arabisch. Morgendämmerung.
Sabina Variante von → Sabine.
Sabine Lateinisch. Die Sabinerin.
Sabrina Englisch. Nach einer englischen Flussnymphe.
Sadhana Indisch. Hingabe, Eifer.
Sadie Amerikanische Kurzform von → Sarah.
Sadira Persisch. Lotosbaum.
Safia, Safiyya Arabisch. Vetraute, Freundin.
Sagara Indisch. Ozean.
Sahar Arabisch. Morgendämmerung.
Saide Arabisch. Die Wachsende, Glückliche.
Sakari Indisch. Die Süße.
Sakura Japanisch. Kirschblüte.
Salka Slawische Kurzform von → Salwija.
Sally Englische Kurzform von → Sarah.
Salma Variante von → Selma.
Salome Griechisch. Die Friedliche, Friedsame.
Salvia Lateinisch. Die Wohlbehaltene, Unversehrte.
Salwija Russische Form von → Salvia.
Sam Kurzform von → Samantha. *Auch männlicher Vorname.*
Samantha Englisch, hebräischer Herkunft. Die Zuhörerin, Hörende.
Samira Arabisch. Unterhalterin.
Sandra Kurzform von → Alexandra.
Sandria Kurzform von → Alexandra.
Sandrina, Sandrine Koseformen von → Sandra.
Sandy Englische Kurzform von → Sandra.
Sanja Russische Kurzform von → Alexandra. *Auch männlicher Vorname.*
Santa Italienisch. Die Heilige.

Santina   Erweiterte Form von → Santa.
Sanura   Afrikanisch. Die Katzengleiche.
Sanuye   Indianisch. Wolke im Abendrot.
Saoirse   Irisch. Freiheit.
Saphira   Aramäisch. Die Schöne.
Sapho, Sappho   Griechisch. Nach der gleichnamigen griechischen Dichterin.
Sara, Sarah   Hebräisch. Fürstin, Herrin.

25 ZWEISILBIGE MÄDCHENNAMEN

Anna, Clara, Ella, Emma, Frieda, Greta, Hannah, Laura, Lea, Lena, Lina, Laura, Lotta, Luna, Maja, Mara, Marie, Mia, Mila, Merle, Nele, Nora, Paula, Sara, Sophie.

Saran   Afrikanisch. Freude.
Sarina   Erweiterte Form von → Sara.
Sarita   Erweiterte Form von → Sara.
Sascha   Russische Kurzform von → Alexandra.
   Auch männlicher Vorname.
Saskia   Niederländisch. Sächsin.
Satinka   Indianisch. Zaubertänzerin.
Sato   Japanisch. Zucker.
Savanna, Savannah   Englisch. Nach der gleichnamigen amerikanischen Stadt.
Scarlett   Englisch. Die Scharlachrote, die Rothaarige.
Schirin   Altpersisch. Die Angenehme.
Scholastika   Lateinisch. Schülerin, Lernende.
Schura   Russische Koseform von → Alexandra.
   Auch männlicher Vorname.
Sebastiane   Griechisch. Die Verehrungswürdige, Erhabene.
Selena, Selene   Griechisch. Nach der griechischen Mondgöttin.
Selima   Hebräisch. Die Friedliche.

Selina, Seline Englische Form von → Selene oder → Celina.

Selma 1. Kurzform von → Anselma. 2. Keltisch. Schöne Aussicht.

Senta Kurzform von → Crescentia oder → Vinzenta.

Seraphia, Seraphina, Seraphine Hebräisch. Die Brennende, Leuchtende.

Serena Lateinisch. Die Heitere, Glückliche.

Sergia Lateinisch. Geht zurück auf einen römischen Geschlechternamen.

Severa Lateinisch. Die Strenge, Ernsthafte.

Severina Erweiterte Form von → Severa.

Shadia Arabisch. Sängerin.

Shakira Arabisch. Die Dankbare.

Shania Indianisch. Die, die ihren Weg geht.

Shannon Irisch. Die kleine, alte Weise. *Auch männlicher Vorname.*

Sharon Englisch. Geht zurück auf eine biblische Landschaft.

Sheila Englische Form von → Cäcilia.

Sheryl Englisch. Bedeutung unklar.

Shirley Englisch. Geht zurück auf einen Orts- und Familiennamen.

Sibel Herkunft und Bedeutung unklar. In der Türkei sehr beliebt.

Sibilla, Sibille Varianten von → Sibylla.

Sibyl Kurzform von → Sibylla.

Sibylla, Sibylle Griechisch. Gottesraterin.

Sida Kurzform von → Sidonia.

Sidonia, Sidonie Lateinisch. Die aus Sidon Stammende.

Sieglind, Sieglinde Althochdeutsch. Sieg und Lindenholzschild.

Siegrid, Siegried Varianten von → Sigrid.

Siegrun Variante von → Sigrun.

Sieke Friesische Kurzform von Vornamen mit Sieg-.

Sienna Amerikanisch. Geht zurück auf die italienische Stadt Siena.

Sif Variante von → Siv.

Sigga, Siggan Schwedische Kurzformen von → Sigrid.

Siggi, Sigi Kurzformen von Vornamen mit Sieg-.
 Auch männlicher Vorname.

Siglind, Siglinde Nebenformen von → Sieglind, Sieglinde.

Signe, Signi Skandinavisch. Sieg und jung.

Sigrid   Skandinavisch. Sieg und schön.
Sigrun, Sigrune   Althochdeutsch. Sieg und Geheimnis.
Sigune   Skandinavisch. Sieg und Welle/Woge.
Sihu   Indianisch. Blume.
Siiri   Finnische Form von → Sigrid.
Sile   Irische Kurzform von → Cäcilia.
Silja   Skandinavische Kurzform von → Cäcilia.
Silje   Friesische Kurzform von → Cäcilia.
Silke, Silka, Sylke   Norddeutsche und friesische Kurzformen von → Cäcilia.
Silva   Schwedische und tschechische Form von → Silvia.
Silvana   Lateinisch. Nach dem römischen Waldgott Silvanus.
Silvelin, Silvelina, Silveline   Erweiterte Formen von → Silvia.
Silvetta   Italienische Koseform von → Silvia.
Silvette   Französische Koseform von → Silvia.
Silvia   Lateinisch. Wald.
Silvie   Französische Formen von → Silvia.
Silvija   Osteuropäische Form von → Silvia.
Silvina   Italienische Variante von → Silvia.
Simona, Simone   Hebräisch. Erhört, Erhörung.
Simonetta   Italienische Koseform von → Simone.
Simonette   Französische Koseform von → Simone.
Sina   Kurzform von Vornamen, die auf -sine oder -sina enden.
Sindy   Variante von → Cindy.
Sinead   Irische Form von → Johanna.
Sinja, Sinje   Kurzformen von Vornamen, die auf -sine oder -sina enden.
Siobhan   Irisch. Die Bewundernswerte.
Sira   Italienische und spanische Kurzform von → Sirena.
Sirena   Griechisch. Figur aus der griechischen Mythologie; die Sirenen sind singende Meerjungfrauen.
Siri, Sirin   Schwedische Kurzformen von → Sigrid.
Sirkka   Finnisch. Sprössling.
Siska   Schwedische Kurzform von → Franziska.
Sissa, Sissan   Schwedische Kurzformen von → Cäcilia.

Sissy 1. Österreichischen Kurzform von → Elisabeth.
2. Englische Koseform von → Cäcilia.

Sita 1. Indisch. Ackerfurche. 2. Kurzform von Vornamen, die auf -sita enden, z. B. Rosita.

Siti Afrikanisch. Dame.

Siusan Schottische Form von → Susanne.

Siv Skandinavisch. Braut, Ehefrau.

Sixta Lateinisch. Die Feine, Glatte.

Sixtina Erweiterte Form von → Sixta.

Slava, Slavka Kurzformen von Vornamen, die auf -slava enden.

Sofia, Sofie Varianten von → Sophia.

Solange Französisch. Die Festliche, Feierliche.

Soley Isländisch. Hahnenfuß (Pflanze).

Solveig Skandinavisch. Haus und Kampf.

Sonia, Sonja Russische Koseformen von → Sophia.

SONNE – TOP ODER FLOP?

Darf ein Mädchen Sonne heißen? Ja, meinte das Bayerische Oberlandesgericht und ließ Sonne 1994 als (weiterer) Vornamen für ein Mädchen zu. Noch im Jahr zuvor war Sonne vom Amtsgericht Nürnberg noch abgelehnt worden, selbst wenn das Mädchen noch weitere Vornamen trage.

Sonnele Süddeutsche Kurzform von → Sonnhild.

Sonnhild Deutsch. Sonne und Kampf.

Sophia, Sophie Griechisch. Weisheit.

Soraya Persisch. Gute Fürstin.

Stanislava, Stanislawa Slawisch. Standhaft und Ruhm.

Stanze Kurzform von → Konstanze.

Stasi Kurzform von → Anastasia.

Stefana, Stefania, Stefanie Varianten von → Stephanie.

Steffi Kurzform von → Stephanie.

Stella Lateinisch. Stern.

Stephana   Variante von → Stephanie.
Stephanie   Griechisch. Kranz, Krone.
Stina, Stine   Friesische Kurzform von → Augustine, → Christine, → Ernestine.
Su   Kurzform von → Susanne.
Sue   Englische Kurzform von → Susanne.
Sulalita   Indisch. Die besonders Angenehme.
Sulamith   Hebräisch. (Vermutlich) die Friedliche.
Suleika   Arabisch. Die Verführerin.
Sumi   Japanisch. Die Reine.
Summer   Englisch. Sommer.
Suna   Kurzform von Vornamen mit Sun-.
Sunhild, Sunhilde   Varianten von → Swanhild.
Sunny   Englisch. Die Sonnige, Fröhliche.
Surata   Indisch. Gutes Schicksal.
Susa   Italienische Kurzform von → Susanne.
Susan   Englische Form von → Susanne.
Susanka   Slawische Kurzform von → Susanne.
Susann   Kurzform von → Susanne.
Susanna   Italienische Form von → Susanne.
Susannah   Englische Form von → Susanne.
Susanne   Hebräisch. (Rote) Lilie.
Suse   Kurzform von → Susanne.
Susen   Schwedische Kurzform von → Susanne.
Susetta   Italienische Koseform von → Susanne.
Susette   Französische Koseform von → Susanne.
Susi, Susy   Koseformen von → Susanne.
Suzanne   Französische Form von → Susanne.
Suzette   Französische Koseform von → Susanne.
Suzie, Suzy   Englische Koseformen von → Susanne.
Svana, Svane   Kurzformen von Vornamen mit Svan-.
Svea   Schwedisch. Schweden.
Svenja   Skandinavisch. Junge Frau, junge Kriegerin
Svetlana   Variante von → Swetlana.

Swaantje Friesische Koseform von → Swanhild.
Swana Kurzform von → Swanhild.
Swanhild, Swanhilde Althochdeutsch. Schwan und Kampf.
Swantje Friesische Koseform von → Swanhild.
Swetlana Russisch. Die Helle.
Swinda, Swinde Eigenständige Kurzform von Vornamen mit Swind- oder -swind.
Sybil Englische Form von → Sibylla.
Sybill, Sybille Varianten von → Sibylla.
Sylva Variante von → Silva.
Sylvaine Französische Form von → Silvana.
Sylvana Variante von → Silvana.
Sylvelin, Sylvelina, Sylveline Varianten von → Silvelin, Silvelina, Silveline.
Sylvetta Variante von → Silvetta.
Sylvette Variante von → Silvette.
Sylvi Finnische und schwedische Kurzform von → Silvia.
Sylvia Variante von → Silvia.
Sylvie Variante von → Silvie.
Sylviane, Sylvianne Französische Formen von → Silvia.
Sylvina Variante von → Silvina.
Synke Friesisch. Urteil, Sühne.
Syrina Skandinavisch. Vermutlich Variante von → Sigrid.

Tabea Variante von → Tabitha.
Tabitha Hebräisch. Gazelle.
Tadine Friesische Kurzform von Vornamen mit Diet-.
Taima Indianisch. Donnerhall.

Takara Japanisch. Schatz.
Taki Japanisch. Wasserfall.
Tala Indianisch. Wolf.
Tale, Talea Friesische Kurzformen von → Adelheid.
Talena Niederländische Variante von → Adelheid.
Talesia Baskische Variante von → Adelheid.
Taletta Friesische Kurzform von → Adelheid.
Talida, Talika Friesische Kurzformen von → Adelheid.
Talina, Taline Friesische Kurzformen von → Adelheid.
Talitha Aramäisch. Mädchen.
Tallulah Indianisch. Sprudelnde Quelle.
Talora Hebräisch. Morgentau.
Tamaki Japanisch. Armreif.
Tamar Hebräisch. Dattelpalme. *Auch männlicher Vorname.*
Tamara Russische Form von → Tamar.
Tamina Griechisch. Herrin, Gebieterin.
Tamira Nebenform von → Tamar.
Tamsin Englische Kurzform von → Thomasina.
Tana Kurzform von → Tamara.
Tani Japanisch. Tal. *Auch männlicher Vorname.*
Tania Variante von → Tanja.
Tanit, Tanita, Tanitha Englisch. Geht zurück auf Tanit, die karthagische Mondgöttin.
Tanja Russische Kurzform von → Tatjana.
Tanjura Russische Kurzform von → Tatjana.
Tanya Variante von → Tanja.
Tara Irisch. felsiger Gipfel, Felsspitze.

25 IRISCHE MÄDCHENNAMEN

Ailis, Aislinn, Aoife, Caitlin, Caron, Colleen, Edana, Eileen, Eilis, Erin, Evan, Flanna, Kareen, Kathleen, Kelly, Kerry, Mailin, Máire, Niamh, Noreen, Nuala, Róis, Sinead, Siobhan, Tara.

Tasha Englische Kurzform von → Natascha.
Tasida Indianisch. Reiterin. *Auch männlicher Vorname.*
Tasja, Tassja Russische Kurzformen von → Anastasia.
Tata Russische Kurzform von → Tatjana, → Natalija.
Tatjana Russisch, lateinischer Herkunft. Vermutlich eine weibliche Form des römischen Namen Tatius.
Taylor Englisch. Schneider. Geht zurück auf einen Familiennamen. *Auch männlicher Vorname.*
Tela, Tele Friesische Kurzformen von → Adelheid.
Telsa, Telse Norddeutsche und friesische Kurzformen von → Elisabeth.
Teodora Italienische Form von → Theodora.
Teres Variante von → Therese.
Teresa Italienische, spanische und englische Form von → Therese.
Terese Variante von → Therese.
Térèse Französische Form von → Therese.
Teresina Italienische und spanische erweiterte Form von → Therese.
Terka Ungarische Kurzform von → Therese.
Terri, Terry Englische Kurzformen von → Therese.
Terzia Lateinisch. Die Dritte.
Teska Niederländische Koseform von Vornamen mit Diet-.
Tess, Tessa, Tessy Englische Kurzformen von → Therese.
Thea Kurzform von → Dorothea, → Theodora.
Theda Friesische Kurzform von Vornamen mit Theo-.
Thekla Griechisch. Gott und Ruhm.
Thelma Englisch. Von der englischen Schriftstellerin Marie Corelli für ihren gleichnamigen Roman (1887) erfunden.
Theoda Kurzform von Vornamen mit Theo-.
Theodelinde, Theodolinde Latinisierte Formen von → Dietlinde.
Theodora Griechisch. Gottesgeschenk.
Theodore Variante von → Theodora. *Auch männlicher Vorname.*
Theodosia Griechisch. Gottesgeschenk.
Theophania Griechisch. Erscheinen Gottes.
Theophora Griechisch. Gottesträgerin.

Thera, There Kurzformen von → Therese.
Theres Variante von → Therese.
Theresa Variante von → Therese.
Therese Griechisch. Bewohnerin der Insel Thera.
Thérèse Französische Form von → Therese.
Theresia Variante von → Therese.
Theresina Erweiterte Form von → Theresa.
Thesi, Thessi, Thessy, Thesy Kurzformen von → Therese.
Thilde Kurzform von → Mathilda.
Thirza Variante von → Tirza.
Thomasina, Thomasine Aramäisch. Zwilling.
Thona Kurzform von → Antonia.
Thora 1. Skandinavisch. Nach dem Donnergott Thor.
   2. Kurzform von Vornamen mit Thor-.
Thordis Skandinavisch. Thor (Donnergott) und Göttin.
Thorgard Skandinavisch. Thor (Donnergott) und Hort/Schutz.
Thorgund Skandinavisch. Thor (Donnergott) und Kampf.
Thorhild Skandinavisch. Thor (Donnergott) und Kampf.
Thorina Erweiterte Form von → Thora.
Thusnelda, Thusnelde Althochdeutsch. Riese und Kampf.
Thuy Vietnamesisch. Die Sanfte, Freundliche.
Thyra Schwedisch. Thor (Donnergott) und Kampf.
Tiada Friesische Kurzform von Vornamen mit Diet-.
Tiana Kurzform von → Christiana.
Tida Friesische Kurzform von → Adelheid.
Tiffany Englische Form von → Theophania.

25 ENGLISCHE MÄDCHENNAMEN

Amy, Ashley, Chelsea, Daisy, Elsie, Emily, Fiona, Gillian/Jillian, Grace, Hazel, Holly, Ivy, Jennifer, Kate, Lily, Lucy, Merle, Nelly, Pamela, Ruby, Scarlett, Summer, Tiffany, Vanessa, Vivian/Vivien.

Tilde Kurzform von → Mathilda.
Tilla, Tilli, Tilly Kurzformen von → Ottilia, → Mathilda.
Tilse Norddeutsche und friesische Kurzform von → Elisabeth.
Tina Kurzform von Vornamen, die auf -tina enden.
Tine Kurzform von Vornamen, die auf -tine enden.
Tinette Französische Koseform von → Antoinette.
Tinka Kurzform von → Katharina.
Tirza Hebräisch. Die Anmutige, Liebliche.
Tizia Kurzform von → Lätizia.
Tiziana Italienisch. Geht zurück auf einen römischen Beinamen.
Tjada Friesische Kurzform von Vornamen mit Diet-.
Tona Kurzform von → Antonia.
Toni Kurzform von → Antonia. *Auch männlicher Vorname.*
Tonia Kurzform von → Antonia.
Tonja Russische Kurzform von → Antonia.
Tony Kurzform von → Antonia. *Auch männlicher Vorname.*
Tordis Variante von → Thordis.
Torgard Variante von → Thorgard.
Torgund Variante von → Thorgund.
Torhild Variante von → Thorhild.
Tori 1. Japanisch. Vogel. 2. Amerikanische Kurzform von → Viktoria.
Torina Variante von → Thorina.
Tosca Italienisch. Die Toskanerin.
Tosja Russische Koseform von → Antonia.
Toska Variante von → Tosca.
Tove Skandinavische Kurzform von Vornamen mit Thor-, Tor-.
  Auch männlicher Vorname.
Tracey, Tracy Englische Kurzformen von → Therese.
  Auch männlicher Vorname.
Traude, Traudel Kurzformen von → Gertraud.
Tressa Englische Kurzform von → Therese.
Trina, Trine Kurzformen von → Katharina.
Trixi Koseform von → Beatrix.

Trude Kurzform von → Gertrud.
Trudi, Trudy Kurzformen von → Gertrud.
Tullia Irisch. Die Friedliche, Stille.
Tusja Russische Kurzform von → Natalija.
Tuwa Indianisch. Erde.
Tuyen Vietnamesisch. Engel.
Tyra Variante von → Thyra.

U

Ubba Friesisch. Sinn/Geist/Verstand und kühn.
Uda, Ude Varianten von → Oda.
Udele Alte Variante von → Adele.
Ula Variante von → Ulla.
Ulani Hawaiisch. Die Fröhliche, Lustige.
Uletta Romanische Variante von → Ulla.
Ulima Arabisch. Die Weise.
Ulita Russische Form von → Julia.
Uljana Russische Form von → Juliana.
Ulla Kurzform von → Ursula, → Ulrike.
Ulla-Brit Schwedische Zusammensetzung aus → Ulla und → Britt.
Ulrika Dänische und schwedische Form von → Ulrike.
Ulrike Althochdeutsch. Erbgut/Heimat und reich.
Ultima Lateinisch. Die Letzte.
Uma Indisch. Mutter.

25 INDISCHE MÄDCHENNAMEN

Aditi, Artha, Aruna, Candra, Deva, Gauri, Indira, Jarita, Jayanti, Kala, Karuna, Lalita, Manju, Minda, Mohini, Nirveli, Padma, Parvati, Punita, Rajani, Rani, Rohana, Sadhana, Sita, Uma.

Umma Ostfriesische Kurzform von Vornamen mit Od-, Ot-.
Una Englische Variante von → Oona.
Undine Lateinisch. Welle.
Unica Erweiterte Form von → Una.
Urania Griechisch. Himmel.
Urdina Baskisch. Blau wie der Himmel.
Ursa Lateinisch. Bärin.
Urschla Rätoromanische Form von → Ursula.
Ursel Kurzform von → Ursula.
Ursetta Variante von → Ursula.
Ursina, Ursine Varianten von → Ursula.
Ursula Lateinisch. Bärin.
Ursulane, Ursulina, Ursuline Varianten von → Ursula.
Urte, Urthe 1. Baltische Kurzformen von → Dorothea.
  2. Baskische Form von → Ruth.
Uschi Koseform von → Ursula.
Usha Indisch. Sonnenaufgang.
Uta, Ute Varianten von → Oda.
Utina Indianisch. Frau meines Landes.
Utta Variante von → Uta.
Utlinde Variante von → Otlinde.
Uzuri Afrikanisch. Die Schöne.

V

Val Englische Kurzform von → Valeria.
Valea Rumänische Form von → Valeria.
Valentina, Valentine Lateinisch. Die Gesunde, Starke.
Valeria Lateinisch. Geht zurück auf einen römischen Geschlechternamen.
Valerie Variante von → Valeria.
Valeriane Erweiterte Form von → Valeria.
Valérie Französische Form von → Valeria.
Valery Englische Form von → Valeria.
Valeska Polnische Koseform von → Valeria.
Valetta Englische Variante von → Valeria.
Vally Koseform von → Valeria.
Vanadis Skandinavisch. Geht zurück auf das Göttergeschlecht der Vanen.
Vanda Italienische und schwedische Form von → Wanda.
Vanessa Englisch. Nach einer Schmetterlingsgattung.
Varena Rätoromanische Form von → Verena.
Vashti Persisch. Die Schöne.
Velvet Englisch. Samt.
Venus Nach der römischen Göttin der Liebe.
Vera Russisch. 1. Glaube. 2. Kurzform von → Verena, → Veronika.
Verena Lateinisch. Die Scheue.
Vérène Französische Form von → Verena.
Verita Lateinisch. Wahrheit.
Verona Variante von → Veronika.
Veronia Variante von → Veronika.
Veronica Variante von → Veronika.
Veronika Griechisch. Die Siegbringende.
Véronique Französische Form von → Veronika.
Veruschka Russische Koseform von → Vera.
Veva, Vevi Kurzformen von → Genovefa.

Vicki Kurzform von → Viktoria.

Vicky Englische Kurzform von → Viktoria.

Victoire Französische Form von → Viktoria.

Victoria, Viktoria Lateinisch. Siegerin.

IM FOKUS: VICTORIA/VIKTORIA

Viktoria ist nicht das Richtige für euer Kind? Aber vielleicht gefällt euch eine Neben-, Kose- oder Kurzform dieses Namens?
Hier findet ihr Varianten aus den unterschiedlichsten Sprachen:

Vicki, Viki, Viktorina, Viktorine, Vita (Neben- und Kurzformen), Vicky, Victoria, Tori (englisch), Victoire, Victorine (französisch), Vittoria (italienisch).

Victorine Französische Variante von → Viktoria.

Viki Kurzform von → Viktoria.

Viktorina, Viktorine Erweiterte Formen von → Viktoria.

Vilja Finnisch. Reichtum, Güte.

Vilma Ungarische und litauische Form von → Wilma.

Vinzenta, Vinzentia Lateinisch. Die Siegende.

Vinzentina Erweiterte Form von → Vinzenta.

Viola Lateinisch. Veilchen.

Violante Variante von → Viola.

Violet Englische Form von → Viola.

Violetta Italienische Koseform von → Viola.

Violette Französische Koseform von → Viola.

DÜRFEN ALLE KINDER EINER FAMILIE GLEICH HEISSEN?

Euch gefällt der Name Vivian so gut, dass ihr am liebsten alle eure Töchter Vivian nennen würdet? Das dürft ihr tatsächlich, entschied das Amtsgericht Tübingen im Juli 1996. Voraussetzung dafür ist allerdings, dass die Kinder einen weiteren, jeweils unterschiedlichen Vornamen erhalten.

Virginia   Lateinisch. Geht zurück auf einen römischen Geschlechternamen.
Virginie   Französische Form von → Virginia.
Virna   Italienische Kurzform von → Virginia.
Vita   Kurzform von → Viktoria.
Vittoria   Italienische Form von → Viktoria.
Viv   Englische Kurzform von → Viviane.
Viveca, Viveka   Schwedische Varianten von → Wiebke.
Viviana, Viviane   Lateinisch. Die Muntere.
Vivian, Vivien   Englische Formen von → Viviane.
Vivian ist auch ein männlicher Vorname.
Volla, Volle   Friesische Kurzformen von Vornamen mit Volk-.
Volma   Althochdeutsch. Kriegsschar/Volk und berühmt.
Vreni   Süddeutsche und schweizerische Kurzform von → Verena.
Vroni   Süddeutsche und schweizerische Kurzform von → Veronika.

W

Wakanda   Indianisch. Zaubermacht.
Walberta   Althochdeutsch. Herrschen und glänzend.
Walburg, Walburga   Althochdeutsch. Herrschen und Schutz.
Walda   Kurzform von Vornamen mit Wald-.
Waleria   Russische Form von Form von → Valeria.
Walli, Wally   Kurzformen von → Walburga.
Walpurga, Walpurgis   Alte Varianten von → Walburga.
Waltraud, Waltraut   Althochdeutsch. Herrschen und Kraft.
Waltrud, Waltrude, Waltrudis   Varianten von → Waltraud.
Waltrun   Althochdeutsch. Herrschen und Geheimnis.
Wanda   Slawisch. Bedeutung Die Wendin (Name eines Volkes).
Wanja   Russische Koseform von → Iwana. *Auch männlicher Vorname.*

Warja Kurzform von → Warwara.
Warwara Russische Form von → Barbara.
Washi Japanisch. Adler.
Weike Friesische Kurzform von Vornamen mit Wig- oder -wig.
  Auch männlicher Vorname.
Welda Kurzform von Vornamen mit Wald-.
Wellemina Rheinische und ostfriesische Form von → Wilhelmina.
Wencke Norwegische Form von → Wenke.
Wendela, Wendeline, Wendi, Wendula Kurzform von Vornamen mit Wendel-, wie z. B. Wendelburg (Althochdeutsch. Stammesname der Wandalen und Schutz).
Wendy Englische Kurzform von → Gwendolin.
Wenke Norddeutsche Koseform von Vornamen mit Win- oder -win.
Wera Variante von → Vera.
Whitney Altenglisch. Die von der weißen Insel.
  Auch männlicher Vorname.
Wibke, Wiebke Friesisch, niederländische und norddeutsche Kurzformen von Vornamen mit Wig-, wie z. B. Wigberta (Althochdeutsch. Kampf und glänzend).
Wieka, Wieke Kurzformen von → Ludowika.
Wika Althochdeutsch. Kampf.
Wilhelma Variante von → Wihelmine.
Wilhelmina, Wilhelmine Althochdeutsch. Wille und Helm.
Willa, Wilja Kurzformen von Vornamen mit Will-.
Willow Amerikanisch. Weidenbaum.
Wilma Kurzform von → Wilhelmine.
Wilmken Norddeutsche Koseform von → Wilhelmine.
Wilrun Althochdeutsch. Wille und Geheimis.
Wiltraud, Wiltrud Althochdeutsch. Wille und Kraft.
Wina Kurzform von → Winfrieda.
Winfrieda, Winfriede Althochdeutsch. Freundin und und Friede.
Winifred Englisch, walisischer Herkunft. Weiß/gesegnet und Versöhnung.

Winja Russische Koseform zu → Sabine.
Winnie Englische Kurzform von → Winifred.
Winona Englisch, indianischer Herkunft. Erstgeborene Tochter.
Wintrud Althochdeutsch. Freundin und Kraft.
Wira Keltisch. Die Freundliche.
Wismut Althochdeutsch. Weise und Mut.
Witta Althochdeutsch. Wald, Gehölz.
Wunna Althochdeutsch. Wonne, hohe Freude.
Wyanet Indianisch. Die Schöne.
Wynne Altwalisisch. Die Blonde, Helle.

X

Xandra Rätoromanische Kurzform von → Alexandra.
Xaveria Weibliche Form von → Xaver.
Xena Griechisch. Gast.
Xenia Kurzform von → Polyxenia.
Xiang Chinesisch. Die Duftende, Angenehme.
Xochil Mexikanisch. Blume.

Y

Yael Variante von → Jael.
Yakira Hebräisch. Die Kostbare.
Yara Indianisch. Frau.

Yasira Arabisch. Die Milde, Sanfte.
Yasmin, Yasmine Varianten von → Jasmin.
Yasu Japanisch. Die Ruhige, Friedliche.
Yedda Altenglisch. Sängerin.
Yelva Skandinavisch. Die einzige Erbin.
Yetta Variante von → Yedda.
Yildiz Türkisch. Stern.
Ylva Skandinavisch. Wölfin.
Yoki Indianisch. Blauvogel.
Yoko Japanisch. Kind des Meeres.

25 JAPANISCHE MÄDCHENNAMEN

Aiko, Aki, Anzu, Ayame, Haru, Hoshi, Ishi, Kami, Kaori, Keiko, Kichi, Koko, Masako, Michiko, Miya, Nishi, Raku, Sakura, Sato, Sumi, Takara, Tamaki, Yasu, Yoko, Yuki.

Yolanda, Yolande Französische und englische Formen von → Jolande.
Yuki Japanisch. Schnee.
Yvette Französische Koseform von → Yvonne.
Yvonne Französisch. Eibe.

Zada Arabisch. Die Glückliche.
Zahra Arabisch. Blüte.
Zaida Arabisch. Gebieterin.

Zala   Bulgarisch. Die Gesunde.
Zalira   Afrikanisch. Blume.
Zara, Zarah   Varianten von → Sarah.
Zarina   Bulgarisch. Herrscherin.
Zawadi   Afrikanisch. Gabe, Geschenk.
Zäzile   Variante von → Cäcilie.
Zdenka   Tschechische Form von → Sidonia.
Zelda   Englische Kurzform von → Griselda.
Zella   Kurzform von → Marcella.
Zelma   Englische Variante von → Selma.
Zena   Kurzform von → Zenobia.
Zenobia   Griechisch. Nach einerm Pflanzennamen.
Zenta   Kurzform von → Innozentia, → Kreszentia, → Vinzentia.
Zenz, Zenzi   Kurzformen von → Innozentia, → Kreszentia, → Vinzentia.
Ziena, Zientje   Ostfriesische Kurzformen von Vornamen, die auf -sina oder -cina enden.
Zilla   Kurzformen von → Cäcilia.
Zillah   Hebräisch. Schutz oder Gesang.
Zilli, Zilly   Kurzformen von → Cäcilia.
Zina   Friesische Kurzform von Vornamen, die auf -sine enden.
Zinnia   Englisch. Nach einer Pflanze.
Zippora   Hebräisch. Vögelchen.
Ziska, Zissi, Zissy   Kurzformen von → Franziska.
Zita   1. Italienisch. Mädchen. 2. Kurzform von → Felizitas.
Zoe, Zoë   Griechisch. Leben.
Zoella   Variante von → Zoe.
Zofia   Polnische Form von → Sophia.
Zora   Slawisch. Morgenröte.
Zuna   Afrikanisch. Reichtum.
Zuri   Afrikanisch. Die Schöne.
Zuria   Baskisch. Die Weiße.
Zwaantje   Friesische Koseform von Vornamen mit Swan-, Schwan-.

Die schönsten Vornamen für Jungen von A bis Z

Von Aapo bis Zyriakus. Auf den folgenden Seiten findet ihr eine Sammlung von bunt gemischten Jungennamen aus aller Welt, darunter ausgefallene, exotische und seltene genauso wie bekannte, beliebte und häufige Namen. Geordnet sind sie alphabetisch. Varianten eines Namens, die im Alphabet direkt aufeinanderfolgen, sind zu einem Eintrag zusammengefasst. Ist ein Name als „Variante von" ohne zusätzliche Herkunftsangabe erklärt, so hat er dieselbe Herkunft wie der ursprüngliche Name.

A

Aapo   Finnische Form von → Abel.
Aaron   Hebräisch. Der Erleuchtete.
Aatami   Finnische Form von → Adam.
Aatos   Finnisch. Gedanke.
Abadi   Afrikanisch. Tröster.
Abbas   Arabisch. Löwe.
Abbe, Abbo   Friesische Kurzformen von Vornamen mit Adal-.
Abdias   Hebärisch. Knecht Gottes.
Abdul   Arabisch. Knecht, Sklave.
Abdullah   Arabisch. Knecht Allahs.
Abe   Kurzform von → Albert, → Albrecht oder → Adalbert.
Abel   1. Hebräisch. Hauch, Vergänglichkeit. 2. Im Mittelalter auch Kurzform von → Adalbert.
Abi   Kurzform von → Abraham.
Abilo   Variante von → Abel.
Abiona   Afrikanisch. Der während einer Reise Geborene. *Auch weiblicher Vorname.*
Abo   Variante von → Abbo.
Abner   Hebräisch. Der Vater ist Licht.
Abraham   Hebräisch. Vater der Menge.
Absalom   Hebräisch. Vater des Friedens.
Achaz   Hebräisch. Der Herr hat ergriffen.
Achill, Achilles   Griechisch. Geht zurück auf eine Figur aus der griechischen Mythologie.
Achim   Kurzform von → Joachim.
Achmed   Arabisch. Der Lobenswerte.
Adair   Keltisch. Geht zurück auf einen schottischen Familiennamen.
Adalbero   Althochdeutsch. Edel und Bär.
Adalbert   Althochdeutsch. Edel und glänzend.

(ALT)DEUTSCHE NAMENSBESTANDTEILE

Wenn ihr euch deutsche Vornamen näher anschaut, werdet ihr in vielen Namen ähnliche Bestandteile entdecken. Doch was bedeuten diese?

Eine kurze Übersicht findet ihr hier:

Adal-, Adel- Edel, vornehm, z. B. Adalbert
Bald-, -bald Kühn, mutig, z. B. Balduin, Willbald
Bert-, -bert, -brecht Glänzend, hell, z. B. Albrecht, Berthold, Albert
Burg-, -burg Schutz, Zuflucht, z. B. Burkhart
Degan- Junger Held, z. B. Degenhard
Ebur- Eber, z. B. Eberhard
Ekka- Spitze einer Waffe, z. B. Ekkehard
Fried-, -fried Friede, z. B. Siegfried, Friedrich
Ger-, -ger Speer, z. B. Gerhard, Rüdiger
Gis- Geisel, Spross, z. B. Gisbert
Gard-, -gard Hort, Schutz, z. B. Hildegard
Gund-, -gund(e) Kampf, z. B. Kunigunde
Hadu- Kampf, z. B. Hademar
Hag- Hag, z. B. Hagen
Hart-, -hart, -hard Hart, stark. z. B. Leonhard, Hartmut
Heid-, -heid, -heit Art und Weise, z. B. Heidrun, Adelheid
Helm-, -helm Helm, Schutz, z. B. Friedhelm, Helmut
Hild-, -hild(e) Kampf, z. B. Hildrun, Reinhild
Lind-, -lind(e) Sanft oder Lindenholzschild, z. B. Dietlinde
Hug- Gedanke, Verstand, z. B. Hugbert, Hugo
Kuoni- Kühn, tapfer, z. B. Konrad
Magan-, Megin- Kraft, Macht, z. B. Meinhard
Man-, -man, -mann Mann, z. B. Manfred
Mar-, -mar Berühmt, z. B. Sigmar, Marbert
Mund, - mund Schutz (der Unmündigen), z. B. Siegmund
Not-, -not Not, Bedrängnis, z. B. Notker, Gernot
Ot- Besitz, z. B. Otto.

Raban-, -ram Rabe, z. B. Wolfram
Rat-, -rat, -rad Ratgeber, z. B. Konrad, Ratbert
Rich-, -rich, Reich- Reich, mächtig, z. B. Richard, Ulrich
Run-, -run Geheimnis, z. B. Gudrun
Sigu-, Sieg-, Sig-, Sigis- Sieg, z. B. Siegried
Thiot- Volk, z. B. Diettrich
Trud-, Traut, -traud, -trud Kraft, Stärke, z. B. Trautmann
Ul- Erbgut, Heimat, z. B. Ulrich
Volk- Kriegsschar, Volk, z. B. Volker, Volkhard
Walt-, Wald-, -wald Walten, herrschen
Will-, Willi- Wille, z. B. Wilhelm, Willibert
Win(i)-, -win Freund, z. B. Winfried, Alwin
Wolf-, -olf Wolf, z. B. Wolfgang, Rudolf

Adalfried   Althochdeutsch. Edel und Friede.
Adalmar   Althochdeutsch. Edel und berühmt.
Adam   Hebräisch. Der Mensch, Mann aus Erde.
Adamo   Italienische Form von → Adam.
Addi, Addy   Kurzformen von Vornamen mit Adal-, Adel-.
Adebayo   Afrikanisch. Der in freudigen Zeiten Gekommene.
Adelar   Althochdeutsch. Edel und Adler.
Adelbert   Variante von → Adalbert.
Adelhard   Althochdeutsch. Edel und stark.
Adi   Kurzform von Vornamen mit Adal-, Adel-.
Adil   Arabisch. Der Gerechte.
Aditya   Indisch. Sonne.
Adnan   Arabisch. Ruf zum Gebet.
Ado   Kurzform von Vornamen mit Adal-, Adel-.
Adolar   Variante von → Adelar.
Adolf   Althochdeutsch. Edel und Wolf.
Adolfo   Italienische Form von → Adolf.
Adolph   Variante von → Adolf.

Adolphe Französische Form von → Adolf.

Adonai Hebräisch. Mein Gott.

Adonis Griechisch. In der griechischen Mythologie war Adonis der Geliebte der Göttin Aphrodite.

Adri Indisch. Felsen, Name einer niederen Hindu-Gottheit.

Adriaan Niederländische Form von → Adrian.

Adrian Lateinisch. Der aus der Stadt Hadria (Adria) Stammende.

Adriano Italienische Form von → Adrian.

Adriel Hebräisch. Gottes Erhabenheit.

Adrien Französische Form von → Adrian.

Ady Kurzform von Vornamen mit Adal-, Adel-.

Aeneas Griechisch. Der Gepriesene.

Affonso Portugiesische Form von → Alfons.

Age, Aggo Friesische Kurzformen von Vornamen mit Agi-.

Agilo Althochdeutsch. Speerspitze und Wolf.

Agnolo Italienische Variante von → Angelo.

Agu Afrikanisch. Leopard.

Ahab Hebräisch. Onkel.

Ahanu Indianisch. Der Lachende.

Ahti Finnisch. In der finnischen Mythologie Name des Gottes des Meeres, der Flüsse und des Fischens.

Aidan Irisch. Der Feurige.

Aimé Französisch. Der Geliebte.

Aimo 1. Kurzform von Vornamen mit Heim-.
2. Finnische Form von → Achaz.

Ainers Friesische Form von → Andreas.

Aitor Baskisch. Guter Vater.

Akash Indisch. Himmel.

Åke Schwedische Kurzform von Vornamen mit Agi-.

Akim Dänische und russische Kurzform von → Joachim.

Akio Japanisch. Heller Junge.

Akira Japanisch. Der Intelligente.

Akke Friesische Kurzform von Vornamen mit Agi-.

Aladin Arabisch. Erhabenheit des Glaubens.
Alain Französische Form von → Alan.
Alan Englisch, keltisch-bretonischer Herkunft. (Vermutlich) Fels.

25 KELTISCHE JUNGENNAMEN

Allan, Artair, Arthur, Brian/Bryan, Brix, Cedric, Conan, Dana, Donald, Donovan, Douglas, Duncan, Finian, Finn, Galvin, Glen, Kenneth, Kermit, Kerwin, Kolman, Malcolm, Morgan, Neil, Nolan, Tristan.

Alani Hawaiisch. Orange, Orangenbaum.
Alaula Hawaiisch. Abendrot. *Auch weiblicher Vorname.*
Alban Lateinisch. Der aus der Stadt Alban Stammende.
Albano Italienische Form von → Alban.
Alberich Althochdeutsch. Elfe und reich.
Albert Kurzform von → Adalbert.
Alberto Italienische und spanische Form von → Albert.
Albin Lateinisch. Der Weiße.
Albrecht Variante von → Adalbert.
Albuin Althochdeutsch. Elfe und Freund.
Alden Altenglisch. Alt und Freund.
Aldo, Aldus Kurzformen von Vornamen mit Adal-.
Alec Englische Kurzform von → Alexander.
Alek Bulgarische, polnische und russische Kurzform von → Alexander.
Alejandro Spanische Form von → Alexander.
Alejo Spanische Form von → Alexander.
Aleko Bulgarische Kurzform von → Alexander.
Aleksander Polnische Form von → Alexander.
Alessandro Italienische Form von → Alexander.
Alessio Italienische Form von → Alexis.
Alev Türkisch. Flamme. *Auch weiblicher Vorname.*
Alex Kurzform von → Alexander.

> **IM FOKUS: ALEXANDER**
>
> Alexander ist nicht das Richtige für euer Kind? Aber vielleicht gefällt euch eine Neben-, Kose- oder Kurzform dieses Namens?
> Hier findet ihr Varianten aus den unterschiedlichsten Sprachen:
>
> Alek, Alex, Alexis, Alexios, Alexius, Lex, Sander (Neben- und Kurzformen), Alec, Alick (englisch), Alejandro, Alejo (spanisch), Aleko (bulgarisch), Aleksander, Leszek (polnisch), Allessandro (italienisch), Alexandre (französisch), Alexandros (griechisch), Alexej, Alexei, Aleksej, Alik, Alja, Aljoscha, Sanja, Sascha, Schura (russisch), Alister, Alsandair (schottisch), Sandór (ungarisch), Xander, Zander (rätoromanisch).

Alexander Griechisch. Beschützer, Verteidiger.

Alexandre Französische Form von → Alexander.

Alexandros Griechische Form von → Alexander.

Alexei, Alexej, Aleksej Russische Formen von → Alexander.

Alexios Variante von → Alexander.

Alexis, Alexius Kurzformen von → Alexander. *Alexis ist auch ein weiblicher Vorname.*

Alf Kurzform von → Adolf, → Alfred.

Alfie Englische Kurzform von → Alfred.

Alfio Italienisch. Der Weiße.

Alfons Althochdeutsch. Kampf und bereit.

Alfonso Spanische und italienische Form von → Alfons.

Alfred Englisch. Naturgeist und Ratgeber.

Alfredo Italienische und spanische Form von → Alfred.

Ali Arabisch. Der Erhabene.

Alick Englische Kurzform von → Alexander.

Alik Russische Kurzform von → Alexander.

Alister Schottische Form von → Alexander.

Alja Russische Kurzform von → Alexei. *Auch weiblicher Vorname.*

Aljoscha Russische Kurzform von → Alexei.

Allan, Allen Varianten von → Alan.

Almar Skandinavisch. Der Edle, Berühmte.
Alois Althochdeutsch. Der vollkommen Weise.
Alon Hebräisch. Eiche.
Alpaslan Türkisch. Der Heldenhafte.
Alphons Variante von → Alfons.
Alphonse Französische Form von → Alfons.
Alrik Niederdeutsch. Der Vornehme.
Alsandair Schottische Form von → Alexander.
Alvar Skandinavisch. Elf und Herr.
Alvaro Spanisch. Hüter.
Alwin Althochdeutsch. Edel und Freund.
Amadeo Italienische und spanische Form von → Amadeus.
Amadeus Lateinisch. Liebe Gott!
Amand Deutsche Form von → Amandus.
Amando Italienische Form von → Amandus.
Amandus Lateinisch. Der Liebenswürdige.
Amatus Lateinisch. Der Geliebte.
Ambros Griechisch. Der Göttliche.
Ambrosio Variante von → Ambrosius.

ANDERSON – TOP ODER FLOP?

Anderson ist in Deutschland nur als Nachname gebräuchlich. Mit dieser Begründung billigte das Oberlandesgericht Karlsruhe die Entscheidung des Standesamtes Karlsruhe, Anderson nicht als männlichen Vornamen zu genehmigen. Dabei kam der Grundsatz zur Anwendung, dass Namen, die als Familienname verwendet werden, nicht als Vorname gewählt werden dürfen. Doch auch hier gibt es Ausnahmen für Namen, die traditionell sowohl Vor- als auch Nachnamen sein können, wie zum Beispiel Martin oder Adam.

Dieses Urteil wurde im Jahr 2005 allerdings vom Bundesverfassungsgericht revidiert. Der Junge darf nun Anderson heißen.

Ambrosius Griechisch. Der Unsterbliche.
Amin Arabisch. Der Treue, Vertrauenswürdige, Zuverlässige.
Amir Arabisch. Prinz, Befehlshaber.
Amon Hebräisch. Der Treue.
Amos Hebräisch. Der von Gott Getragene, Träger.
An, Anh Vietnamesisch. Friede, Sicherheit. *Auch weiblicher Vorname.*
Anand Indisch. Glück, Freude.
Anastasius Griechisch. Der Auferstandene.
Anatol Griechisch. Sonnenaufgang.
Anders Dänische und schwedische Form von → Andreas.
Andi Koseform von → Andreas.
Andór Ungarische Form von → Andreas.
András Ungarische Form von → Andreas.
André Französische Form von → Andreas.
Andrea Italienische Form von → Andreas. *In Deutschland gilt Andrea allgemein als Mädchenname. In der Schweiz dürfen Jungen diesen Namen in Kombination mit einem eindeutig männlichen Zweitnamen tragen.*
Andreas Griechisch. Der Tapfere, Mannhafte.

IM FOKUS: ANDREAS

Andreas ist nicht das Richtige für euer Kind? Aber vielleicht gefällt euch eine Neben-, Kose- oder Kurzform dieses Namens?
Hier findet ihr Varianten aus den unterschiedlichsten Sprachen:

Andi, Drees (Kurzformen), Anders (dänisch und schwedisch), Andór, András (ungarisch), André (französisch), Andrea (italienisch), Andrees (niederländisch), Andrei (rumänisch), Andrej, Andrijan, Andrik, Andrusch (russisch), Andres (spanisch, friesisch), Andries, Ainers (friesisch), Andrew, Andy (englisch), Andriko (ukrainisch), Andro (slawisch), Andrzej, Antek (polnisch), Enders (niederdeutsch).

Andrees Niederländische Form von → Andreas.
Andrei Rumänische Form von → Andreas.
Andrej Russische Form von → Andreas.
Andres Spanische und friesische Form von → Andreas.
Andrew Englische Form von → Andreas.
Andri Isländisch. Rivale, Feind.
Andries Norddeutsche und friesische Variante von → Andreas.
Andrijan Russische Form von → Andreas.
Andrik Russische Form von → Andreas.
Andriko Ukrainische Form von Form von → Andreas.
Andro Slawische Form von → Andreas.
Andrusch Russische Form von → Andreas.
Andrzej Polnische Form von → Andreas.
Andy Englische Koseform von → Andrew.
Angelikus Lateinisch. Der Engelsgleiche.
Angelo Italienische Form von → Angelos.
Angelos Griechisch. Engel.
Angelus Latinisierte Form von → Angelos.
Angus Englisch. Die einzige Wahl.
Anian Vermutlich irisch. Bedeutung unklar.
Anil Indisch. Wind.
Anish Indisch. Der Gott Vishnu.
Aniweta Afrikanisch. Der vom Geist Ani Gebrachte.
  Auch weiblicher Vorname.
Anno 1. Kurzform von → Arnold. 2. Männliche Form von → Anna.
Ansas Litauische Form von → Hans.
Ansbert Althochdeutsch. Gott und glänzend.
Anselm Althochdeutsch. Gott und Helm.
Anselmo Italienische Form von → Anselm.
Ansgar Althochdeutsch. Gott und Speer.
Ansis Lettische Form von → Johannes.
Antal Ungarische Form von → Anton.
Antek Polnische Form von → Anton.

Anthony Englische Form von → Anton.

Antoine Französische Form von → Anton.

Anton Lateinisch. Geht zurück auf den römischen Geschlechternamen Antonius.

25 TRADITIONELLE JUNGENNAMEN

Adam, Albert, Anton, Balthasar, Benedikt, Caspar, Eckart, Friedrich, Georg, Gustav, Hans, Heinrich, Jakob, Johann, Josef, Julius, Karl, Konrad, Leopold, Lorenz, Melchior, Paul, Stefan, Theodor, Vinzenz.

Antonin Tschechische Form von → Anton.

Antonio Italienische Form von → Anton.

Anup Indisch. Der Unvergleichliche.

Anwar Arabisch. Licht.

Anzo Germanisch/althochdeutsch. Gott, Helm.

Archibald Englisch mit althochdeustchen Wurzeln. Der Kühne, Mutige.

Archie Englische Kurzform von → Archibald.

Are Skandinavisch. Adler.

Arian Variante von → Adrian.

Ariel Hebräisch. Held Gottes.

Arist, Aristid Griechisch. Der Vornehmste, die Gestalt.

Aristide Französische Form von → Arist.

Arjun, Arjuna Indisch. Der Weiße, Helle.

Arke, Arko Kurzformen von Vornamen mit Arn-.

Arlo Englische Kurzform von → Angelos.

Armando Italienische Form von → Hermann.

Armas Finnisch. Der Anmutige, Liebliche.

Armin Kurzform von → Arminius.

Arminius Latinisierte Form der germanischen Namen mit Ermen- oder Irmen-. Der Allumfassende, Große.

Armo Finnisch. Gnade.

Arnaud Französische Form von → Arnold.

Arnd Kurzform von → Arnold.
Arne Dänische und schwedische Form von → Arnold.
Arnim Skandinavische Kurzform von Vornamen mit Arn-.
Arno Kurzform von → Arnold.
Arnold Althochdeutsch. Adler und herrschen.
Arnulf Althochdeutsch. Adler und Wolf.
Aron Variante von → Aaron.
Arpad Ungarisch. Gerstenkorn.
Arslan Türkisch. Löwe.
Artair Schottische Form von → Arthur.
Arthur, Artur Keltisch. (Vermutlich) Bär.
Arun Indisch. Wie die Morgendämmerung.
Arv Skandinavisch. Adler.
Arvid Skandinavisch. Krieger.
Asbjörn Schwedisch. Gott und Bär.
Ascan Variante von → Askan.
Asher Hebräisch. Glück.
Ashley Englisch. Bewohner der Eschenweide. *Auch weiblicher Vorname.*
Askan Althochdeutsch. Speer und Freund.
Asmund Skandinavisch. Gott und Schutz.
Attila Gotisch. Väterchen.
Aubert Französische Form von → Adalbert.
Augo Grönländische Form von → August.
August Deutsche Form von → Augustus.
Augustin Erweiterte Form von → August.
Augustus Lateinisch. Der Erhabene.
Aurel, Aurelius Lateinisch. Der Goldene.
Austin Englische Variante von → Augustus.
Avery Altenglisch. Elfenführer. *Auch weiblicher Vorname.*
Axel Schwedische Kurzform von → Absalom.
Aydin Türkisch. Der Klare, Erhellte.
Aziz Arabisch. Er liegt mir am Herzen.

Baako Afrikanisch. Der Erstgeborene.
Babur Türkisch. Löwe.
Bado Skandinavisch. Kämpfer.
Baha Arabisch. Glanz.
Bai Chinesisch. Sieg.
Bailey Englisch. Geht zurück auf einen Familiennamen.
Bala Indisch. Kleines Kind. *Auch weiblicher Vorname.*
Baladeva Indisch. Gott der Stärke.
Baldo Friesische Kurzform von Vornamen mit Bald-.
Balduin Althochdeutsch. kühn und Freund.
Baldur Skandinavisch. Kraft und mutig. Geht zurück auf den altskandinavischen Gott Baldr, den Gott des Lichts.
Balin Kurzform von → Balduin.
Balte Niederländische Kurzform von → Balthasar.
Balthasar Hebräisch. Gott schütze den König.
Bao Chinesisch. Schatz. *Auch weiblicher Vorname.*
Baptist Griechisch. Ursprünglich Beiname von Johannes dem Täufer. Auch heute noch hauptsächlich in der Kombination Johann Baptist.
Barack Arabisch. Der Gesegnete.
Baraz Persisch. Der Begeisterte.
Barnabas Aramäisch. (Vermutlich) Sohn des Gottes Nebo.
Barnaby Englische Form von → Barnabas.
Barnd Norddeutsche Form von → Bernd.
Barney Englische Kurzform von → Bernard, → Barnaby.
Bart, Bartel Kurzformen von → Bartholomäus.
Bartholomäus Hebräisch. Sohn des Tolmai.
Bartholomé Französische Form von → Bartholomäus.
Bartolo Italienische Koseform von → Bartholomäus.
Bartolomé Spanische Form von → Bartholomäus.

Bartolomeo Italienische Form von → Bartholomäus.
Baruch Hebräisch. Der Gesegnete.
Bas Kurzform von → Sebastian.
Baschir Arabisch. Freudenbote, Verkünder guter Nachrichten.
Basil, Basilius Griechisch. Der Königliche.
Basir Arabisch. Der Weise.
Bassam Arabisch. Der Lächelnde.
Bastian Kurzform von → Sebastian.

25 JUNGENNAMEN, DIE AUF -IAN ENDEN

Adrian, Bastian, Caspian, Cassian, Christian, Damian, Darian, Dorian, Emilian, Fabian, Finnian, Felizian, Florian, Fulvian, Gordian, Grazian, Julian, Korbinian, Kilian, Marian, Maximilian, Oktavian, Sebastian, Tizian, Valerian.

Bastien Französische Kurzform von → Sebastian.
Baxter Altenglisch. Brotbäcker.
Beat Kurzform von → Beatus. Besonders in der Schweiz beliebt.
Beathan Irisch. Leben.
Beatus Lateinisch. Der Glückliche.
Beau Französisch. Der Schöne.
Bekir Türkisch. Der Reine, Unberührte.
Béla Ungarische Kurzform von → Adalbert.
Bem Afrikanisch. Friede.
Ben Kurzform von → Benjamin.
Bence Ungarische Form von → Vinzenz.
Bendix Variante von → Benedikt.
Benedetto Italienische Form von → Benedikt.
Benedikt Lateinisch. Der Gesegnete.
Bengt Schwedische und dänische Form von → Benedikt.
Benignus Lateinisch. Der Liebevolle, Freundliche.
Benito Italienische und spanische Kurzform von → Benedikt.

Benjamin Hebräisch. Glückskind, Sohn der rechten (glücklichen) Hand.
Benji Englische Koseform von → Benjamin.
Bennet, Bennett Englische Kurzformen von → Benedikt, → Benjamin.
Benno Eigenständige Kurzform von → Bernhard, → Benedikt und → Benjamin.
Benny Koseform von → Benjamin.
Benoît Französische Form von → Benedikt.
Bent Dänische Kurzform von → Benedikt, → Benjamin.
Berend Kurzform von → Bernhard.
Bernard Englische und französische Form von → Bernhard.
Bernardo Italienische, spanische und portugiesische Form von → Bernhard.
Bernd Variante von → Bernhard.
Bernhard Althochdeutsch. Bär und stark.
Bero Althochdeutsch. Bär.
Bert Kurzform von → Berthold oder anderen Vornamen mit Bert-.
Berthold Althochdeutsch. Glänzend und herrschen.
Bertil Schwedisch. Der Glänzende.
Bertin Althochdeutsch. Der Glänzende.
Berták Ungarische Form von → Bertram.
Bertold, Bertolt Varianten von → Berthold.
Bertram Althochdeutsch. Glänzend und Rabe.
Bertrand Althochdeutsch. Glänzend und Schild.
Berwyn Keltisch. Weißer Kopf.
Bethuel Hebräisch. Mann Gottes.
Bevan Keltisch. Geht zurück auf einen walisischen Familiennamen.
Biarte Norwegisch, altskandinavischer Herkunft. Der Helle.
Bilbo Fantasiename aus dem Roman „Der kleine Hobbit" von J. R. R. Tolkien.
Bill, Billy Kurzformen von → William.
Bima Indisch. Der Mutige.
Birger Skandinavisch. Der Helfer, Schützer.
Birk Alemannische Kurzform von → Burkhard.

Bjarke, Bjarki Skandinavisch. Bär.
Bjarne Skandinavisch. Variante von → Björn.
Bjarni Isländische Form von → Björn.
Björn Schwedisch. Bär.

25 SKANDINAVISCHE JUNGENNAMEN

Anders, Arne, Arvid, Bjarte, Björn, Erik, Fredrik, Göran, Gustaf, Henrik, Holger, Kjell, Lasse, Lauri, Leif, Mats, Mikael, Morten, Nils, Olaf, Ole, Pelle, Per, Rasmus, Sven.

Blaine Englisch. Diener des Blann (schottischer Heiliger).
Blaise Französische Form von → Blasius.
Blake Englisch. Der Schwarze. *Auch weiblicher Vorname.*
Blasius Lateinisch. Geht zurück auf einen römischen Geschlechternamen.
Bo Dänisch und schwedisch. Der Sesshafte.
Boas Hebräisch. In ihm ist Stärke.
Bob Englische Kurzform von → Robert.
Bobby Englische Kurzform von → Robert.

BODHI – TOP ODER FLOP?

Darf ein Junge Bodhi heißen? Nein, zumindest nicht mit alleinigem Vornamen. Das entschied das Oberlandesgericht Hamm im Jahr 1995.

Bodo Althochdeutsch. 1. Gebieter oder Bote. 2. Eigenständige Kurzform von Namen mit Bodo-, Bode-, Bot-.
Börje Skandinavisch. Helfer, Schützer.
Bogdan Slawisch. Gottesgeschenk.
Bojan Slawisch. Barde, Kampf oder Ruhm.

Bonifatius Lateinisch. Gutes Geschick.
Bonifaz Variante von → Bonifatius.
Boris Russische Kurzform von → Borislaw.
Borislaw Russisch. Kampf und Ruhm.
Börje Variante von → Birger.
Börries Niederländische Kurzform von → Liborius.

25 NIEDERLÄNDISCHE JUNGENNAMEN

Adriaan, Börries, Bram, Cornelis, Daan, Dorus, Floris, Frederik, Gaard, Geo, Hanke, Hendrik, Jaap, Jan, Jasper, Kees, Levin/Lewin, Luuk, Maarten/Marten, Niels, Peer, Sören, Stijn, Thijs, Willem.

Bosco Italienische Kurzform von → Burkhard.
Bosse Koseform von → Bo.
Botho, Boto Varianten von → Bodo.
Brad Kurzform von → Bradley.
Braden Irisch. Lachs.
Bradley Englisch. Weite Abholzung.
Bram Englische und niederländische Kurzform von → Abraham.
Bran Gälisch. Rabe.
Branko Slawische Kurzform von Vornamen mit Bran-. Ruhm, Ehre.
Brendan Keltisch. Prinz.
Brent Englisch. Geht zurück auf einen Familiennamen.
Brian Keltisch. Der Erhabene, Hügel.
Brix, Brixius Keltisch. Der Starke.
Broder Friesisch. Bruder.
Broderick Altenglisch. Breiter Berggrat.
Brooke Englisch. Der vom Bach. *Auch weiblicher Vorname.*
Bror Variante von → Broder.
Bruce Englisch. Name eines schottischen Adelsgeschlechts.
Bruno Latinisierte Form des alten deutschen Namens Brun. Der Braune.

Brutus Lateinisch. Der Schwere.
Bryan Variante von → Brian.
Bryde Skandinavisch. Verwalter.
Buania Indisch. Welt.
Bülent Türkisch. Der Große.
Burchard, Burghard, Burkart, Burkhard, Burkhart Althochdeutsch. Burg und stark.
Busse, Busso Varianten von → Burkhard.

Cäcilius Lateinisch. Geht zurück auf einen römischen Geschlechternamen.
Caesar Variante von → Cäsar.
Caius, Cajus Lateinisch. Bote der Freude.
Caleb Hebräisch. Der Mutige.
Calisto, Callisto Varianten von → Callistus.
Callistus Lateinisch. Der sehr Schöne.
Calvin Englisch. Geht zurück auf den schweizerischen Reformator Johannes Calvin.
Cameron Schottisch-gälisch. Schiefe Nase. Geht zurück auf den Namen eines schottischen Clans. *Auch weiblicher Vorname.*
Camille Französische Form von → Camillo. *Auch weiblicher Vorname.*
Camillo Italienisch. Geht zurück auf einen römischen Geschlechternamen.
Can Türkisch. Mensch mit Herz.
Candid, Candidus Lateinisch. Der Aufrichtige, Reine.
Carel Tschechische Form von → Karl.
Carl Variante von → Karl.

Carlo Italienische Form von → Karl.
Carlos Spanische Form von → Karl.
Carmine Italienisch. Lied.
Carol Rumänische Form von → Karl.
Carolus Variante von → Karl.
Carsten Variante von → Karsten.
Cäsar Lateinisch. Beiname im römischen Geschlecht der Julier.
Casey Irisch. Der Tapfere, Wachsame. *Auch weiblicher Vorname.*
Casimir Variante von → Kasimir.
Caspar Variante von → Kaspar.
Caspian Englisch. Geht zurück auf eine Romanfigur aus „Die Chroniken von Narnia" von C. S. Lewis.
Cassian, Cassius Lateinisch. Geht zurück auf einen römischen Geschlechternamen.
Castor Lateinisch. Geht zurück auf die Hallbrüder Castor und Pollux aus der römischen Mythologie.
Cecil Englische Form von → Cäcilius.
Cedric Englisch, keltischer Herkunft. Unklar, eventuell ungenaue Wiedergabe des altenglischen Königsnamens Cerdic.
Célestin Französische Form von → Cölestin.
Cetin Türkisch. Der Lebhafte.
Chad Walisisch. Der Kämpfer, Sieger der Schlacht.
Chaim Hebräisch. Leben.
Chandan Indisch. Sandelholz.
Chao Chinesisch. Der Unvergleichliche.
Charles Englische und französische Form von → Karl.
Charlie Englische Kurzform von → Charles.
Charlton Altenglisch. Geht zurück auf eine Ortsbezeichnung.
Charly Englische Kurzform von → Charles.
Chen Chinesisch. Der Große.
Chester Altenglisch. Von der Festung.
Chi Afrikanisch. Gott.
Chisulo Afrikanisch. Hart wie Stahl.

Chiumbo Afrikanisch. Der Kleine.

Chlodwig Althochdeutsche Variante von → Ludwig.

Chrestien Französische Form von → Christian.

Chris Kurzform von → Christian, → Christoph.
Auch weiblicher Vorname.

Christel Kurzform von → Christian, → Christoph.
Auch weiblicher Vorname.

Christer Dänische und schwedische Formen von → Christian.

Christian Lateinisch, griechischer Herkunft. Der Christ, der Gesalbte.

Christo Bulgarische Form von → Christoph.

Christof Variante von → Christoph.

Christoff, Christoffer Varianten von → Christoph, → Christopher.

Christoforo Italienische Form von → Christoph.

Christoph Griechisch. Christus-Träger.

IM FOKUS: CHRISTOPH

Christoph ist nicht das Richtige für euer Kind? Aber vielleicht gefällt euch eine Neben-, Kose- oder Kurzform dieses Namens?
Hier findet ihr Varianten aus den unterschiedlichsten Sprachen:

Chris, Christof, Christoff, Christoffer, Christophorus, Stoffel, Stoffer, (Neben- und Kurzformen), Christo (bulgarisch), Christoforo, Cristoforo (italienisch), Christophe (französisch), Christopher (englisch), Christos (griechisch), Cristobal (spanisch), Kester (schottisch), Kristof (skandinavisch), Risto (finnisch).

Neben der Schreibweise mit C- ist häufig auch die Schreibweise mit K- möglich.

Christophe Französische Form von → Christoph.

Christopher Englische Form von → Christoph.

Christophorus Variante von → Christoph.

Christos Griechische Form von → Christoph.

Chrysant, Chrysanth Griechisch. Goldblume.
Chuck Englische Kurzform von → Charles.
Chun Chinesisch. Frühling.
Ciaran Irisch. Der kleine Dunkle.
Claas, Claes Varianten von → Nikolaus.
Clamor Lateinisch. Freundlicher Zuruf.
Clark Englisch. Geistlicher, Gelehrter.
Claude Französische Form von → Claudius. *Auch weiblicher Vorname.*
Claudio Italienische Form von → Claudius.
Claudius Lateinisch. Geht zurück auf einen römischen Geschlechternamen.
Claus Variante von → Klaus.
Clemens Lateinisch. Der Milde, Gnädige.
Clement Englische und französische Form von → Clemens.
Clemente Italienische und spanische Form von → Clemens.
Cleon Griechisch. Ruhm.
Cliff Kurzform von → Clifford.
Clifford Englisch. Geht zurück auf einen Familien- und Ortsnamen.
Clint Kurzform von → Clinton.
Clinton Englisch. Geht zurück auf einen Familien- und Ortsnamen.
Clive Englisch. Geht zurück auf einen Familiennamen.
Clovis Variante von → Ludwig.
Cölestin Lateinisch. Der Himmlische.
Colin Englische Kurzform von → Nikolaus.
Columban Lateinisch. Taube.
Conan Keltisch. Intelligenz, Weisheit.
Connor, Conor Irisch. Geht zurück auf eine Sagengestalt.
Conrad Variante von → Konrad.
Constantin, Constaninus Varianten von → Konstantin.
Corbinian Variante von → Korbinian.
Cord, Cordt Varianten von → Kurt.
Corey Gälisch. Schlucht.
Cornelis Niederländische Form von → Cornelius.

Cornelius Lateinisch. Geht zurück auf einen römischen Geschlechternamen.
Corrado Italienische Form von → Konrad.
Cory Variante von → Corey.
Craig Englisch, schottischen Ursprungs. Felsspitze.
Crispin, Crispinus Lateinisch. Der Kraushaarige.
Cristian, Cristiano Italienische Formen von → Christian.
Cristobal Spanische Form von → Christoph, → Christopher.
Cristoforo Italienische Form von → Christoph.
Curd Variante von → Kurt.
Curran Irisch. Held.
Curt Eigenständige Kurzform von → Konrad.
Curtis Englisch, französischen Ursprungs. Der Höfliche.
Cvetko Slawisch. Blüte.
Cyprian Griechisch. Geht zurück auf die Insel Zypern.
Cyriac Griechisch. Dem Herrn gehörend.
Cyrill, Cyrillus Griechisch. Der rechte Herr, Gebieter.
Cyrus Griechisch. Sonne.

Daan Niederländische Kurzform von → Daniel.
Dabir Afrikanisch. Lehrer.
Dacey Gälisch. Südländer.
Dag Skandinavisch. Kurzform von Vornamen mit Dag-.
Dagobert Keltisch-germanisch. Gut und glänzend.
Dahoma Afrikanisch. Der Langlebige.
Daisuke Japanisch. Große Hilfe.
Dallas Englisch/amerikanisch. Geht zurück auf die gleichnamige Stadt in Texas.

Damaso Italienische Form von → Damasus.
Damasus Griechisch. Der Diamantene.
Damian Griechisch. Der aus dem Volk.
Damir Slawisch. Friedensspender.
Damon Englische Form von → Damian.
Dan 1. Hebräisch. Richter. 2. Englische Kurzform von → Daniel.
Dana Keltisch. Der Däne. *Auch weiblicher Vorname.*
Dane Serbische Form von → Daniel.
Danello Italienische Form von → Daniel.
Daniel Hebräisch. Mein Richter ist Gott.

IM FOKUS: DANIEL

Daniel ist nicht das Richtige für euer Kind? Aber vielleicht gefällt euch eine Neben-, Kose- oder Kurzform dieses Namens?
Hier findet ihr Varianten aus den unterschiedlichsten Sprachen:

Dan, Dany (Kurzformen), Daan (niederländisch), Dane (serbisch), Danello, Daniele, Daniello (italienisch), Danilo (slawisch), Danny (englisch), Dano (bulgarisch), Dános (ungarisch).

Daniele Italienische Form von → Daniel.
Daniello Italienische Form von → Daniel.
Danilo Slawische Form von → Daniel.
Danny Englische Kurzform von → Daniel.
Dano Bulgarische Kurzform von → Daniel.
Dános Ungarische Form von → Daniel.
Dante Italienische Kurzform von → Durante.
Dany Kurzform von → Daniel.
Darcy Irisch. Der Dunkelhaarige. *Auch weiblicher Vorname.*
Darian Variante von → Darius.
Dario Italienische, spanische und portugiesische Form von → Darius.
Darius Lateinisch. Der Mächtige, Bezwinger.

Dariusz Polnische Form von → Darius.
Dasan Indianisch. Häuptling.
Daudi Afrikanisch Der Geliebte.
Dave Englische Kurzform von → David.
David Hebräisch. Der Geliebte, Liebende.

> **IM FOKUS: DAVID**
>
> David ist nicht das Richtige für euer Kind? Aber vielleicht gefällt euch eine Neben-, Kose- oder Kurzform dieses Namens?
> Hier findet ihr Varianten aus den unterschiedlichsten Sprachen:
>
> Dave, Davis, Davy (englisch), Davide (italienisch), Davut (türkisch), Dawud (arabisch).

Davide Italienische Form von → David.
Davis Englische Kurzform von → David.
Davut Türkische Form von → David.
Davy Englische Kurzform von → David.
Dawud Arabische Form von → David.
Dean Englisch. Geht zurück auf einen Familiennamen.
Declan Englisch, gälischen Ursprungs. Voller Güte.
Dederik Norddeutsche Form von → Dietrich.
Dedo Norddeutsche Kurzform von → Dietrich.
Deik Friesische Kurzform von Vornamen mit Diet-.
Delf Kurzform von → Detlef.
Demetrius Griechisch. Der Erdgöttin Demeter Geweihte.
Denis Französische Form von → Dionysius.
Deniz Türkisch. Der zum Meer Gehörige. *Auch weiblicher Vorname.*
Dennis Englische Form von → Dionysius.
Derek, Derik, Derk Norddeutsche Kurzformen von → Dietrich.
Derrick Englische Form von → Dietrich.
Desiderius Lateinisch. Der Erwünschte.

Detlef, Detlev Niederdeutsch. Erbe, Hinterlassenschaft, Sohn des Volkes.
Dick, Dicky Englische Kurzformen von → Richard.
Didi Koseform von → Dietrich.
Didier Französische Form von → Desiderius.
Diederich, Diederik Norddeutsche Varianten von → Dietrich.
Diego Spanische Form von → Jakob.
Dierk Norddeutsche Kurzform von → Dietrich.
Dietbald Althochdeutsch. Volk und kühn.
Dieter Althochdeutsch. Volk und Heer.
Diethard Althochdeutsch. Volk und stark.
Diether Variante von → Dieter.
Dietmar Althochdeutsch. Volk und berühmt.
Dietreich, Dietrich Althochdeutsch. Volk und Reich.
Dimitri Russische Form von → Demetrius.
Dimitrios Neugriechische Form von → Demetrius.
Dinko Kurzform von → Dominikus.
Dino Italienische Kurzform von Vornamen, die auf -dino enden, z. B. Bernardino, Corradino.
Dionysius Griechisch. Der dem Gott Dionysos Geweihte.
Dirk Norddeutsche Kurzform von → Dietrich.
Dirko Norddeutsche und niederländische Form von → Dietrich.
Ditmar, Dittmar Varianten von → Dietmar.
Divo Lateinisch. Der Göttliche.
Djafar Arabisch. Bach, Fluss.
Djamal Arabisch. Schönheit.
Dobby Englische Kurzform von → Robert.
Dobrilo Slawisch. Der Gute.
Dolf Kurzform von Vornamen, die auf -dolf enden, z. B. Adolf, Rudolf.
Doman Ungarische Form von → Dominikus.
Domenic Rätoromanische Form von → Dominikus.
Domenico Italienische Form von → Dominikus.
Domingo Spanische Form von → Dominikus.
Dominic Englische Form von → Dominikus.

Dominicus Variante von → Dominikus.

Dominik, Dominikus Lateinisch. Der dem Herrn (Jesus Christus) Gehörende.

IM FOKUS: DOMINIK

Dominik ist nicht das Richtige für euer Kind? Aber vielleicht gefällt euch eine Neben-, Kose- oder Kurzform dieses Namens?
Hier findet ihr Varianten aus den unterschiedlichsten Sprachen:

Dinko, Domenik, Dominicus, Dominikus (Neben- und Kurzformen), Doman, Domos (ungarisch), Domenic (rätoromanisch), Domenico (italienisch), Domingo (spanisch), Dominic (englisch), Dominique (französisch).

Dominique Französische Form von → Dominikus.
Auch weiblicher Vorname.

Domos Ungarische Form von → Dominikus.

Don, Donny Englische Kurzformen von → Donald.

Donald Englisch, keltischer Herkunft. Der Mächtige.

Donat Variante von → Donatus.

Donatello, Donato Italienische Formen von → Donatus.

Donatus Lateinisch. Der Geschenkte, Geschenk Gottes.

Donovan Keltisch. Finsterer Krieger.

Dorian Englisch, griechischer Herkunft. Der Dorier.

Doron Hebräisch. Geschenk.

Dorus Niederländsiche Koseform von → Theodor.

Dothias Friesisch. Taube.

Doug Kurzform von → Douglas.

Douglas Englisch, keltischer Herkunft. Dunkelblau, dunkles Wasser.

Dragan Slawisch. Der Liebe.

Drago Kurzform von → Dragomir.

Dragomir Slawisch. Lieb und Friede.

Dragoslav Slawisch. Lieb und Ruhm.

Drees Kurzform von → Andreas.

Duarte Portugiesisch. Hüter seines Besitzes.

Dudley Altenglisch. Geht zurück auf einen Ortsnamen.

Dumaka Afrikanisch. Reich mir eine helfende Hand.

Duncan Englisch, keltischer Herkunft. Brauner Krieger.

Durante Italienisch. Der Ausdauernde.

Dustin Englisch. Geht zurück auf einen Familiennamen.

Dwayne Irisch. Kleiner Finsterling.

Dyami Indianisch. Adler.

Dylan Walisisch. See.

Dyre Skandinavisch. Der Teure, Wertvolle.

Earl Englisch. freier Mann, Graf.

Ebbo Kurzform von Vornamen mit Eber-.

Ebenezer Hebräisch. Stein der Hilfe.

Eberhard, Eberhart Althochdeutsch. Eber und stark.

Ebo Kurzform von Vornamen mit Eber-.

Eckart Variante von → Eckehard.

Eckehard, Ekkehard, Eckhard Althochdeutsch. Spitze einer Waffe und stark.

Ed Kurzform von → Edward, → Edgar.

Eddi, Eddie, Eddy Kurzformen von → Edward, → Edgar.

Ede, Edi Kurzformen von → Eduard.

Edelmiro Althochdeutsch. Edel und berühmt.

Eden Hebräisch. Schönheit. *Auch weiblicher Vorname.*

Edgar Englisch. Erbgut, Besitz und Speer.

Edmund Englisch. Erbgut, Besitz und Schutz der Unmündigen.

Edmond Französische Form von → Edmund.
Edoardo Italienische Form von → Eduard.
Édouard Französische Form von → Eduard.
Eduard Eingedeutschte Form von → Edward.
Edvard Schwedische und norwegische Form von → Eduard.
Edward Englisch. Erbgut, Besitz und Hüter, Schützer.
Edwin Englische Form von → Otwin.
Eelis Finnische Form von → Elias.
Eero Finnisch. Der ewig Starke.
Egon Deutsch. Kurzform von Vornamen mit Egin-.
Ehrhard Variante von → Erhard.
Eike, Eiko Norddeutsche Kurzformen von Vornamen mit Ecke-.
   Eike ist auch ein weiblicher Vorname.
Eilef, Eilev, Eilif Skandinavisch. Ewig Lebender.
Einar Skandinavisch. Der allein Kämpfende.
Elaf, Elef Skandinavisch. Alleiniger Erbe.
Eleazar Hebräisch. Wem Gott Hilfe ist.
Eli Hebräisch. Der Obere.
Elias Hebräisch. Mein Gott ist Jahwe.

25 BIBLISCHE JUNGENNAMEN

Aaron, Benjamin, Daniel, David, Elias, Gabriel, Gideon, Isaak, Jakob, Johannes, Jonas, Jonathan, Josua, Josef, Levi, Lukas, Matthäus, Michael, Noah, Paulus, Petrus, Raphael, Samuel, Simon, Tobias.

Elie Französische Form von → Elias.
Elijah Englische Form von → Elias.
Elio Italienische Kurzform von → Eliodoro.
Eliodoro Italienisch/spanisch, griechischen Ursprungs.
   Geschenk der Sonne.
Eliot Englisch, ursprünglich altfranzösische Koseform von → Elias.

Elischa Hebräisch. Gott hat geholfen.
Elliot Englisch, ursprünglich altfranzösische Koseform von → Elias.
Ellis Englische Form von → Elias.
Elmar Variante von → Adalmar.
Elmo Italienische und spanische Kurzform von → Erasmus.
Elof, Eloff, Elov Friesisch. Alleiniger Erbe.
Elroy Englisch, französischen Ursprungs. König.
Elso Friesische Kurzform von Vornamen mit Adal-, Adel-.
Elsu Indianisch. Kreisender Falke.
Elton Englisch. Geht zurück auf einen Familiennamen.
Elvis Englische Form von → Alwin.
Elyas Türkische und arabische Form von → Elias.
Emanuel Variante von → Immanuel.
Emil Französisch, lateinischer Herkunft. Geht zurück auf einen römischen Geschlechternamen.
Émile Französische Form von → Emil.
Emilian Variante von → Emil.
Emilio Italienische und spanische Form von → Emil.

25 ITALIENISCHE JUNGENNAMEN

Adriano, Alessio, Andrea, Angelo, Camillo, Claudio, Dario, Domenico, Emilio, Fabio, Fabrizio, Federico, Filippo, Giacomo, Giovanni, Leonardo, Lorenzo, Luca, Matteo, Mattia, Orlando, Paolo, Pietro, Rocco, Tomaso/Tommaso.

Emin Türkisch. Der Furchtlose.
Emlyn Walisisch. Wasserfall. *Auch weiblicher Vorname.*
Emmanuel Variante von → Immanuel.
Enders Norddeutsche Form von → Andreas.
Engelbert, Engelbrecht Althochdeutsch. Geht zurück auf den Stammesnamen der Angeln und glänzend.

Enis Türkisch. Vertrauter Freund.
Ennio Italienisch. Geht zurück auf einen römischen Geschlechternamen.
Enno Friesische Kurzform von Vornamen mit Agin-, Egin-.
Enoch Walisisch. Lehrer.
Enrico Italienische Form von → Heinrich.
Enrique Spanische Form von → Heinrich.

25 SPANISCHE JUNGENNAMEN

Alejandro, Alvaro, Carlos, Cristobal, Dario, Diego, Domingo, Enrique, Esteban, Felipe, Fernando, Francisco, Jaime, Javier, Jordi, José, Julio, Luis/Luiz, Manuel, Miguel, Pablo, Paco, Pepe, Ramón, Raul.

Enzo Variante von → Enrico.
Eoban Griechisch. Der der Morgenröte Entgegengehende.
Eoin Irische Form von → Hans.
Ephraim Hebräisch. Der doppelt Fruchtbare.
Erasmus Griechisch. Der Liebenswerte, Anmutige.
Erhan Türkisch. Der mutige Anführer.
Erhard, Erhart Althochdeutsch. Ehre und stark.
Eric Englische Form von → Erich.
Erich Althochdeutsch. Ehre und reich.
Erik Dänische und schwedische Form von → Erich.
Erin Irisch. Der aus Irland Stammende. *Auch weiblicher Vorname.*
Erkan Türkisch. Der Lebendige, Gesunde.
Erko Variante von → Erich.
Erland Skandinavisch. Der Ausländische, Fremde.
Erling Skandinavisch. Kleiner Fürst.
Ernest Englische Form von → Ernst.
Ernestino, Ernesto Italienische und spanische Formen von → Ernst.
Ernö Ungarische Form von → Ernst.
Ernst Deutsch. Der Ernste, Gestrenge, Besonnene.

Erol Türkisch. Held.
Eros Griechisch. Geht zurück auf Eros, den griechischen Gott der Liebe.
Errit Skandinavisch. Der Streitbare.
Errol Englisch. Freier Mann.
Erwin Althochdeutsch. Heer und Freund.
Esben, Espen Skandinavisch. Gott und Bär.
Esra Hebräisch. Hilfe.
Esteban Spanische Form von → Stephan.
Ethan Hebräisch. Stärke.
Étienne Französische Form von → Stephan.
Etu Indianisch. Sonne.
Eugen Griechisch. Der Wohlgeborene.
Evan Irisch. Jüngling, junger Krieger. *Auch weiblicher Vorname.*
Ewald Althochdeutsch. Recht, Gesetz und herrschen.
Ewan, Ewen Englische Formen von → Evan.
Eyota Indianisch. Der Größte. *Auch weiblicher Vorname.*
Ezechiel Hebräisch. Gott stärkt.
Ezra Ältere und englische Form von → Esra.

Fabian Lateinisch. Geht zurück auf einen römischen Geschlechternamen.
Fabiano Italienische Form von → Fabian.
Fabiao Portugiesische Form von → Fabian.
Fabien Französische Form von → Fabian.
Fabio Italienische Form von → Fabian.
Fabrice Französische Form von → Fabrizio.
Fabrizio Italienisch. Geht zurück auf einen römischen Familiennamen.

Fahri Türkisch. Der ehrenamtlich Arbeitende.
Faisal Arabisch. Richter.
Falco Variante von → Falk.
Falk, Falko Deutsch. Falke.
Faris Arabisch. Reiter, Ritter.
Farley Englisch. Von der Weide.
Farrell Irisch. Der Tapfere, Krieger.
Faruk Arabisch. Der Unterscheider (zwischen Wahrem und Falschem).
Fatih Arabisch/Türkisch. Der Eroberer.
Fausto Italienische Form von → Faustus.
Faustus Lateinisch. Der Glückbringende.
Fedde Friesische Kurzform von Vornamen mit Fried-.
Federico Italienische Form von → Friedrich.
Fedor Eingedeutschte Form von russisch → Fjodor.
Feiko, Feio Friesische Kurzformen vonr Vornamen mit Fried-.
Felipe Spanische Form von → Philipp.
Felix Lateinisch. Der Glückliche.
Felizian Erweiterte Form von → Felix.
Feodor Variante von → Fedor.
Ferdinand Spanische Variante von → Fridunant.
Ferenc Ungarische Form von → Franziskus.
Fergal Irisch. Schmied, Eisen.
Fergus Irisch. Mann.
Fernando Italienische, spanische und portugiesische Form von
    → Ferdinand.
Ferrand Französische Form von → Ferdinand.
Fidelis, Fidelius Lateinisch. Der Treue.
Fiete Norddeutsche Kurzform von → Friedrich.
Filip Slawische Form von → Philipp.
Filippino, Filippo Italienische Formen von → Philipp.
Filko Ungarische Form von → Philipp.
Fillin Gälisch. Wolf.

Fingal Schottisch, nach einem schottischen Sagenhelden. Blonder Fremder, Wikinger.
Finian Keltisch. Der Blonde, Weiße.
Finley Irisch. Der Kleine, Blonde, Tapfere.
Finn Skandinavisch, keltisch. Der Weiße, Blonde.
Finnian Variante von → Finian.
Finnur Isländische Form von → Finn.
Fjodor Russische Form von → Theodor.
Flavio Italienische und spanische Form von → Flavius.
Flavius Lateinisch. Der Blonde.
Florens Lateinisch. Der Blühende, der in hohem Ansehen Stehende.
Florent Französische Form von → Florens.
Florentin, Florentinus, Florentius Varianten von → Florens.
Florenz Variante von → Florens.
Florestan Französische Form von → Florian.
Florian, Florianus Lateinisch. Der Blühende, Glänzende, in hohem Ansehen Stehende.

25 MÄNNLICHE HEILIGE

Adrian, Alexander, Andreas, Benedikt, Christophorus, Fabian, Felix, Florian, Franz, Gregor, Hubertus, Ignatius, Johannes, Kilian, Klemens, Konstantin, Leo, Linus, Martin, Mauritius, Nikolaus, Patrick, Quirin, Sebastian, Thomas.

Floribert Althochdeutsch. Blühend und glänzend.
Florin Variante von → Florian.
Floris Niederländische Kurzform von → Florens.
Flynn Irisch. Sohn des Rothaarigen.
Focke, Focko, Foke Friesische Kurzformen von Vornamen mit Volk-.
Folke Kurzform von Vornamen mit Volk-. *Auch weiblicher Vorname.*
Folker, Folkher Varianten von → Volker.
Foma Russische Form von → Thomas.

Fran Slawische Form von → Franziskus.
Franc Französische Kurzform von → Franziskus.
Francesco Italienische Form von → Franziskus.
Francis Englische Form von → Franziskus.
Francisco Spanische und portugiesische Form von → Franziskus.
Franciscus Variante von → Franziskus.
Franciszek Polnische Form von → Franziskus.
Franco Kurzform von → Francesco.
François Französische Form von → Franziskus.
Franek Polnische Form von → Franziskus.
Franjo Slawische Form von → Franziskus.
Frank Deutsch. Der Franke, der Freie.
Franklin, Franklyn Englisch. Freier Landbesitzer.
Frans Niederländische und schwedische Form von → Franziskus.
Frantek Polnische Form von → Franziskus.
František Tschechische Form von → Franziskus.
Franz Kurzform von → Franziskus.
Franziskus Lateinisch. Der kleine Franzose. Der Name geht auf den heiligen Franz von Assisi zurück.
Fred, Freddy Kurzformen von → Friedrich, → Alfred und → Manfred.
Frédéric Französische Form von → Friedrich.
Frederick Englische Form von → Friedrich.
Frederico Italienische Form von → Friedrich.
Frederik Niederländische Form von → Friedrich.
Fredrich Norddeutsche Form von → Friedrich.
Fredrik Schwedische Form von → Friedrich.
Freerk, Frerk Kurzformen von → Friedrich.
Frerich Friesische Form von → Friedrich.
Fresco Italienische Kurzform von → Franziskus.
Fridlev Skandinavisch. Friede und Nachkomme.
Frider Kurzform von → Friedrich.
Fridericus Latinisierte Form von → Friedrich.
Frido Kurzform von → Friedrich.

Fridolin, Friedolin Süddeutsche Kurzformen von → Friedrich.
Friedel Kurzform von → Friedrich. *Auch weiblicher Vorname.*
Friedemann Althochdeutsch. Friede und Mann.
Frieder Variante von → Friedrich und → Friedemann.
Friedhelm Althochdeutsch. Friede und Helm.
Friedo Kurzform von → Friedrich.
Friedrich Althochdeutsch. Friede und reich.

IM FOKUS: FRIEDRICH

Friedrich ist nicht das Richtige für euer Kind? Aber vielleicht gefällt euch eine Neben-, Kose- oder Kurzform dieses Namens?
Hier findet ihr Varianten aus den unterschiedlichsten Sprachen:

Fred, Freddy, Freerk, Frerk, Frider, Fridericus, Frido, Fridolin, Friedel, Frieder, Friedo, Friedolin, Fritz (Neben- und Kurzformen), Federico, Frederico (italienisch, spanisch), Fiete, Fredrich (niederdeutsch), Frédéric (französisch), Frederick (englisch, friesisch), Frederico (portugiesisch), Frederik (niederländisch), Fredrik (schwedisch), Frerich (friesisch), Fryderyk (polnisch).

Fridunant Germanisch. Friede und Kühnheit.
Frieso, Friso Deutsch. Ursprünglich Beiname „der Friese".
Frithjof Skandinavisch. Friede und Fürst.
Fritz Kurzform von → Friedrich.
Frodewin, Frowin Althochdeutsch. Klug und Freund.
Fulko Friesische Kurzform von Vornamen mit Volk-.
Fulvian Lateinisch. Rotblondes Haar.
Fryderyk Polnische Form von → Friedrich.
Fürchtegott Deutsch. Fürchte Gott.
Fynn Variante von → Finn.

G

Gaard   Niederländische Kurzform von → Gerhard.

Gabir   Arabisch. Tröster.

Gábor   Ungarische Form von → Gabriel.

Gabriel   Hebräisch. Mann Gottes.

Gabriele   Italienische Form von → Gabriel. *In Deutschland gilt Gabriele allgemein als Mädchenname. In der Schweiz dürfen Jungen diesen Namen in Kombination mit einem eindeutig männlichen Zweitnamen tragen.*

Gaddo   Italienische Form von → Gerhard.

Gadi   Arabisch. Mein Glück.

Gael, Gaël   Französische Formen von → Gallus.

Galdino, Galdo   Italienische Formen von → Gerhard.

Galen   Irisch. Kleiner Blonder.

Gallus   Lateinisch. Der Gallier.

Galvin   Keltisch. Spatz.

Gandalf, Gandolf, Gandulf   Skandinavisch. (Wer)wolf und Wolf.

Gangolf   Althochdeutsch. (Waffen)Gang/Streit und Wolf.

Gard   Niederländische und friesische Kurzform von → Gerhard.

Gareth   Walisisch. Der Sanfte, Gütige.

Garnett   Altenglisch. Speerbewaffneter.

Garret, Garrit   Norddeutsche und friesische Kurzformen von → Gerhard.

Garrett   Englische Form von → Gerhard.

Garry, Gary   Englische Kurzformen von → Garrett.

Gaspard   Französische Form von → Kaspar.

Gaspare, Gasparo   Italienische Formen von → Kaspar.

Gaston   Französisch. Geht vermutlich zurück auf den flämischen Heiligen St. Gast.

Gaudenz   Lateinisch. Der Fröhliche, sich Freuende.

Gauthier   Französische Form von → Walter.

Gavin Englisch. Falke.

Gaynor Irisch. Sohn des Blonden.

Gebbo Friesische Kurzform von → Gerhard.

Gebhard Althochdeutsch. Gabe und stark.

Gedeon Russische Form von → Gideon.

Geert Norddeutsche Kurzform von → Gerhard.

Gene Englische Kurzform von Eugene (→ Eugen).

Gennaro Italienisch. Januar.

Geo Niederländische Form von → Georg.

Geoffrey Englische Form von → Gottfried.

Georg Griechisch. Ackermann, Bauer.

George Englische Form von → Georg.

Georges Französische Form von → Georg.

Georgi Bulgarische und russische Form von → Georg.

Georgios Griechische Form von → Georg.

Gepko Friesische Kurzform von → Gerhard.

Gerald Variante von → Gerwald.

Gérard, Gerard Französische und englische Varianten von → Gerhard.

Gerardo Italienische und spanische Form von → Gerhard.

Gerardus Variante von → Gerhard.

Gerd Kurzform von → Gerhard.

Gereon Lateinisch-Griechisch. Greis.

Gerhard, Gerhart Althochdeutsch. Speer und stark.

Geriet, Gerit Friesische Kurzformen von → Gerhard. *Auch weiblicher Vorname.*

Gerke Friesische Kurzform von → Gerhard.

German, Germanus Lateinisch. Der Germane.

Gernot Althochdeutsch. Speer und Gefahr, Umkehrung von → Notker.

Gero Kurzform von → Gerhard.

Gerold Variante von → Gerwald.

Gerolf Althochdeutsch. Speer und Wolf.

Geronimo Italienische Form von → Hieronymus.

Gerrit Friesische Kurzform von → Gerhard. *Auch weiblicher Vorname.*

Gerry Kurzform von → Gerhard.
Gerson Hebräisch. (Vermutlich) Fremdling.
Gert Kurzform von → Gerhard.
Gervin, Gerwin Althochdeutsch. Speer und Freund.
Gerwald Althochdeutsch. Speer und herrschen.
Géza Ungarisch. Angelehnt an einen Ehrentitel ungarischer Herrscher.
Ghedi Afrikanisch. Der Reisende.
Gheorge Rumänische Form von → Georg.
Giacomo Italienische Form von → Jakob.
Gian Rätoromanische Form von → Johannes.
Giancarlo Italienische Zusammensetzung aus → Johannes und → Karl.
Gianni Italienische Form von → Johannes.
Gianluca Italienische Zusammensetzung aus → Johannes und → Lukas.
Gideon Hebräisch. Baumfäller, Krieger.
Gigi Italienische Koseform von → Luigi.
Gil 1. Hebräisch. Freude. 2. Kurzform von Vornamen mit Gil-.
Gilbert Kurzform von → Giselbert.
Gilmar Variante von → Giselmar.
Gino Italienische Koseform von → Luigi.
Gioacchino Italienische Form von → Joachim.
Giordano Italienische Form von → Jordan.
Giorgio Italienische Form von → Georg.
Giovanni Italienische Form von → Johannes.
Girisha Indisch. Herr der Berge.
Gisbert Variante von → Giselbert.
Giselbert Althochdeutsch. Spross/Geisel und glänzend.
Giselmar, Gismar Althochdeutsch. Spross/Geisel und berühmt.
Giso Kurzform von Vornamen mit Gis-.
Giuglio, Giuliano, Giulio Italienische Formen von → Julius, → Julian.
Giuseppe Italienische Form von → Josef.
Glen, Glenn Englisch. Talbewohner.
Godfrey Englische Form von → Gottfried.
Goliath Hebräisch. Verbannung.

Golo Kurzform von Vornamen mit Gott-.
Gontier Französische Form von → Gunter, → Günter.
Gora Russische Form von → Georg.
Goran Serbokroatische Form von → Georg, → Gregor.
Göran Schwedische Variante von → Jöran.
Gorch, Gorg Norddeutsche Formen von → Georg.
Gordian Lateinisch. Der aus Gordium Stammende.
Gordon Englisch. Geht zurück auf einen schottischen Clan.
Gore, Gores, Gorius Varianten von → Gregor.
Görres, Görs Rheinische Formen von → Gregor.
Gösta Schwedische Kurzform von → Gustav.
Gottfried Althochdeutsch. Gott und Friede.
Gotthelf, Gotthilf Deutsch. Dem Gott hilft.
Gotthold Deutsch. Treu, hold und gütig wie Gott.
Gottlieb 1. Deutsch. Der Gott lieb hat. 2. Althochdeutsch. Gott und Nachkomme.
Götz Kurzform von → Gottfried.
Gowon Afrikanisch. Regenmacher.
Graham Englisch. Aus dem grauen Haus (Name eines schottischen Clans).
Gratian, Grazian Lateinisch. Geht zurück auf einen römischen Geschlechternamen.
Greg Englische Kurzform von → Gregory.
Gregoire Französische Form von → Gregor.
Gregor, Gregorius Griechisch. Der Wachsame.
Gregorio Italienische und spanische Form von → Gregor.
Gregory Englische Form von → Gregor.
Grigor Slawische Form von → Gregor.

> **IM FOKUS: GREGOR**
>
> Gregor ist nicht das Richtige für euer Kind? Aber vielleicht gefällt euch eine Neben-, Kose- oder Kurzform dieses Namens?
> Hier findet ihr Varianten aus den unterschiedlichsten Sprachen:
>
> Gore, Gores, Gorius, Gregorius (Neben-und Kurzformen), Goran (serbo-kroatisch), Görres, Görs (rheinisch), Gregory, Greg (englisch), Gregoire (französisch), Gregorio (italienisch, spanisch), Grigor (slawisch), Grigori, Grischa, Gulja (russisch), Grigórios (griechisch), Joris, Jooris (niederdeutsch).

Grigori, Grigorij   Russische Formen von → Gregor.
Grigórios   Griechische Form von → Gregor.
Grischa   Russische Koseform von → Gregor.
Guglielmo   Italienische Form von → Wilhelm.
Guido   Romanisierte Form von germanischen Namen mit Wid-, Wit-, z. B. Withold.
Guillaume   Französische Form von → Wilhelm.
Guillermo   Spanische Form von → Wilhelm.
Gulya   Russische Koseform von → Gregor.
Gunnar   Skandinavische Form von → Gunter.
Gunter, Günter, Gunther, Günther   Althochdeutsch. Kampf und glänzend.
Guntram   Althochdeutsch. Kampf und Rabe.
Gus   Kurzform von → Gustaf.
Gustaf, Gustav   Schwedisch. Gottes Stütze.
Gustave   Französische Form von → Gustaf.
Gustavo   Italienische Form von → Gustaf.
Gustel   Kurzform von → Gustaf. *Auch weiblicher Vorname.*
Guy   Französische und englische Form von → Guido, → Veit.
Gyasi   Afrikanisch. Wundervolles Kind.
György   Ungarische Form von → Georg.
Gyula   Ungarische Form von → Julius.

Haakon Norwegische Form von → Hakon.
Habib Arabisch. Geliebter.
Hadrian Variante von → Adrian.
Hagen Althochdeutsch. Hag.
Hahnee Indianisch. Der Arme, Bettler.
Haiko Variante von → Heiko.
Hainear, Hainer Varianten von → Heinrich.
Hajo 1. Friesische Kurzform von → Hagen.
   2. Kurzform des Doppelnamens → Hansjoachim.
Hakan Türkisch. Herrscher.
Hakim Arabisch. Der Weise, Arzt.

25 ARABISCHE JUNGENNAMEN

Abdul, Ali, Amir, Aziz, Baschir, Bassam, Djamal/Jamal, Farid, Faruk, Hakim, Hasim, Hilal, Jalal, Kalil, Karim, Latif, Malik, Masud, Mohammed, Nadir, Nuri, Rafi, Said, Sami, Tarik.

Hakon Skandinavisch. Ross und Sohn.
Hal Englische Kurzform von → Henry.
Haldo, Haldor Skandinavisch. Fels und Thor (altskandinavischer Donnergott).
Halvar Skandinavisch. Fels und Hüter.
Halil Türkisch. Enger Freund.
Halvar, Halvard Skandinavisch. Stein.
Hamza Arabisch und Türkisch. Löwe.
Hanjo Neubildung aus → Hans und → Joachim, → Hans und → Jochen oder → Hans und → Josef.
Hank 1. Niederländische Kurzform von → Johannes.
   2. Englische Kurzform von → Henry.

Hanke, Hanko Niederländische Kurzformen von → Johannes.
Hannes 1. Kurzform von → Johannes. 2. Variante von → Hans.
Hannibal Phönizisch/Griechisch/Lateinisch. Gnade des Gottes Baal.
Hanno 1. Kurzform von → Hannibal. 2. Kurzform von → Johannes oder → Hagen. 3. Variante von → Anno.
Hanns Kurzform von → Johannes.
Hannu Finnische Form von → Johannes.
Hans Kurzform von → Johannes.
Hansdieter, Hans-Dieter, Hans-Dietrich Zusammensetzung aus → Hans und → Dieter bzw. → Dietrich.
Hansi Koseform von → Hans. *Auch weiblicher Vorname.*
Hanswerner, Hans-Werner Zusammensetzung aus → Hans und → Werner.
Harald Skandinavische Form von → Harold.
Hard Kurzform von Vornamen mit Hart- oder -hard, z. B. → Hartmut, → Leonhard.
Hardeep Indisch. Der Gott Liebende.
Harder, Hardi Kurzformen von Vornamen mit Hart- oder -hard, z. B. → Hartmut, → Leonhard.
Harding Altenglisch. Sohn des Tapferen.
Hardy Kurzform von Vornamen mit Hart- oder -hard, z. B. → Hartmut, → Leonhard.
Hari Indisch. Sonne.
Hark Nordfriesische Kurzform von Vornamen mit Har-, Her-.
Harold Altenglische und norddeutsche Form zu Althochdeutsch Herold. Heer und herrschen.
Harper Altenglisch. Harfenspieler. *Auch weiblicher Vorname.*
Harri Finnische Form von → Heinrich.
Harris, Harrison Englisch. Sohn des Harry.
Harro Kurzform von Vornamen mit Har-, Her-.
Harry Englische Variante von → Henry.
Hart, Harte Friesische Kurzformen von Vornamen mit Hart- oder -hard.
Hartmut Althochdeutsch. Stark und Mut.
Harto Friesische Kurzform von Vornamen mit Hart- oder -hard.

Hartwig Althochdeutsch. Stark und Kampf.
Harun Arabische Form von → Aaron.
Harvey Englische Form von → Herwig.
Hasim Arabisch. Der Großzügige, Freundliche.
Hasko Variante von → Hasso.
Hassan Arabisch. Der Gute, Schöne.
Hasso Deutsch. Der Hesse.
Haug Variante von → Hugo.
Hauk, Hauke Friesische Kurzformen von → Hugo. *Hauke ist auch ein weiblicher Vorname.*
Heath Englisch. Heide, Weide.
Hector Variante von → Hektor.
Heiko Norddeutsche Kurzform von → Heinrich.
Heimo Kurzform von Vornamen mit Heim-.
Hein Friesische Kurzform von → Heinrich.
Heiner Kurzform von → Heinrich.
Heini Koseform von → Heinrich.
Heinke Variante von → Heinko. *Auch weiblicher Vorname.*
Heinko, Heino Friesische Kurzformen von → Heinrich.
Heinrich Althochdeutsch. Einfriedung/Hof und reich.

IM FOKUS: HEINRICH

Heinrich ist nicht das Richtige für euer Kind? Aber vielleicht gefällt euch eine Neben-, Kose- oder Kurzform dieses Namens?
Hier findet ihr Varianten aus den unterschiedlichsten Sprachen:

Hainer, Hainar, Heiko, Heiner, Heini, Heino, Heinz, Henner, Hennig, Henning, Henno, Henny, Heyko, Haiko, Reitz (Neben- und Kurzformen), Heiri (schweizerisch), Hal, Harry, Henry, Hank (englisch), Harri (finnisch), Hein, Heinke, Henrich, Hinderk, Hindrik, Hinnerk (friesisch), Heintje, Henk (niederländisch), Hendrik (niederländisch, niederdeutsch), Henri (französisch), Henrik (niederländisch, skandinavisch), Henryk (polnisch), Henke, Hinrich, Hinrik (niederdeutsch), Jendrich, Jendrick, Jendrik, Jindrich (slawisch), Enrico (italienisch), Enrique (spanisch).

Heintje Friesische und niederländische Form von → Heinrich.
Heinz Kurzform von → Heinrich.
Heiri Schweizerische Kurzform von → Heinrich.
Hektor Griechisch. Schirmer, Erhalter.
Henno, Henny Kurzformen von → Heinrich.
Helge, Helgi Skandinavisch. Der Gesunde, Heile.
Helio, Helios Griechisch. Helios ist der Name des Griechischen Sonnengottes.
Helmolt Althochdeutsch. Helm und herrschen.
Helmut Althochdeutsch. Helm und Mut.
Hendrik Norddeutsche und niederländisch Form von → Heinrich.
Henk, Henke Norddeutsche Kurzformen von → Heinrich.
Henner Kurzform von → Heinrich.
Hennes Rheinische Kurzform von → Johannes.
Hennig, Henning Norddeutsche Kurzformen von → Heinrich oder → Johannes.
Henri Französische Form von → Heinrich.
Henrich Friesische Form von → Heinrich.
Henrik Niederländische und skandinavische Form von → Heinrich.
Henry Englische Form von → Heinrich.
Henryk Polnische Form von → Heinrich.
Herbert, Heribert Althochdeutsch. Heer und glänzend.
Herman Englische Form von → Hermann.
Hermann Althochdeutsch. Heer und Mann.
Hermes Griechisch. Geht zurück auf den Griechischen Götterboten Hermes.
Hermien Niederländische Form von → Hermann.
Hermo Kurzform von → Hermann.
Hero Kurzform von Vornamen mit -Her.
Herwig Althochdeutsch. Heer und Kampf.
Heyko Norddeutsche Kurzform von → Heinrich.
Hias Bayerische Kurzform von → Matthias.
Hieronymus Griechisch. Mann mit dem heiligen Namen.
Hilal Arabisch. Neumond.
Hilarius Lateinisch. Der Heitere, Fröhliche.

Hildemar Althochdeutsch. Kampf und berühmt.
Hildur Isländisch, altskandinavischer Herkunft. Kampf.
Hilmar Kurzform von → Hildemar.
Hinderk, Hindrik, Hinnerk, Hinrich, Hinrik Norddeutsche und friesische Formen von → Heinrich.
Hinun Indianisch. Götter der Wolken und des Regens.
Hippolyt, Hippolytus Griechisch. Der die Pferde loslässt.
Hiram Hebräisch. Erhaben ist mein Bruder.
Hiroshi Japanisch. Der Freigiebige.
Hisoka Japanisch. Der Verschlossene, Geheimnisvolle.
Hjalmar Skandinavisch. Helm und Heer.
Hjarn Jütländische Form von → Georg.
Hjörtur Isländisch. Hirsch.
Ho Chinesisch. Der Gute.
Hogan Irisch. Der Jugendliche.
Holden Englisch. Tiefes Tal.
Holger Skandinavisch. Insel und Speer.

HOLGERSON – TOP ODER FLOP?

Darf ein Junge Holgerson heißen? Nein, entschied das Oberlandesgericht Frankfurt am Main im Jahr 1991. Da ein ähnliches Urteil zum Vornamen Anderson inzwischen vom Bundesverfassungsgericht revidiert wurde (siehe Anderson – Top oder Flop?), besteht für hoffnungsvolle Holgerson-Eltern allerdings noch Hoffnung.

Holm Kurzform von → Holger.
Honoré Französisch. Der Geehrte.
Horatio, Horatius Lateinisch. Geht zurück auf einen römischen Geschlechternamen.
Horst Althochdeutsch. Ursprünglich Gehölz, Nest der Raubvögel, später auch Ritterburg.

Hosea Hebräisch. Errettung, Befreiung.
Howard Englische Form von → Hubert.
Hubert, Hubertus Althochdeutsch. Gedanke/Verstand und glänzend.
Hugh Englische Form von → Hugo.
Hugo Eigenständige Kurzform von Vornamen mit Hug-, z. B. Hugbald oder Hugbert (Gedanke, Verstand).
Hugues Französische, in der Schweiz verbreitete Form von → Hugo.
Humbert Althochdeutsch. Tierjunges und glänzend.
Humphrey Englische Form von Hunfried (Althochdeutsch. Tierjunges und Friede).

I

Ian Schottische Form von → Johannes.
Ibo Friesische Form von → Ivo.
Ibrahim Arabische Form von → Abraham.
Ignatius Lateinisch. Der Feurige, Glühende.
Ignaz Variante von → Ignatius.
Igor Russische Form des skandinavischen Namens → Ingvar.
Ilan Hebräisch. Baum.
Ilías Neugriechische Form von → Elias.
Ilja Russische Form von → Elias.

25 RUSSISCHE JUNGENNAMEN

Alexej, Aljoscha, Andrej, Boris, Dimitri, Fjodor, Gedeon, Grischa, Igor, Ilja, Ivan/Iwan, Jascha, Kolja, Mischa, Nikita, Nikolaj, Oleg, Pawel, Pjotr, Renja, Sascha, Semjon, Sergej, Vitulja, Wladimir.

Ilmari Finnisch. Luft.

Immanuel Hebräisch. Gott ist mit uns.

Immo, Imo Ostfriesische Kurzformen von Vornamen mit Irm(en)-.

Indra Indisch. Der einen Regentropfen besitzt. *Auch weiblicher Vorname.*

Ingbert Variante von Ingobert (Althochdeutsch. Ingwio (germanische Gottheit) und glänzend).

Ingemar, Ingmar Schwedische Formen von → Ingomar.

Ingo Eigenständige Kurzform von Vornamen mit Ing(o)-.

Ingolf Althochdeutsch. Ingwio (germanische Gottheit) und Wolf.

Ingomar Althochdeutsch. Ingwio (germanische Gottheit) und berühmt.

Ingvar, Ingwar SkandinavischSkandinavisch. Ingwio (germanische Gottheit) und Heer.

Innozenz Lateinisch. Der Unschuldige.

Ioannis Neugriechische Form von → Johannes.

Ion Rumänische Form von → Johannes.

Ira Hebräisch. Der Wachsame. *Auch weiblicher Vorname.*

Irenäus, Ireneus Griechisch. Der Friedliche.

Irvin, Irving, Irwin Altenglisch. Der Meeresfreund.

Isaak Hebräisch. Er (Gott) wird lachen.

Isas Japanisch. Der Wohltätige.

Isidor Griechisch. Geschenk der Göttin Isis.

25 JUNGENNAMEN AUS DEM GRIECHISCHEN

Achilles, Adonis, Alexander, Ambros, Angelos, Christos, Damian, Dimitrios, Eros, Georgios, Hektor, Ioannis, Isidor, Konstantinos, Kostas, Leander, Lysander, Nikias, Nikolaus, Nikos, Panagiotis, Philipp, Sebastian, Spiridon, Vassilios.

Isko Friesische Kurzform von Vornamen mit Is-.

Ismael Hebräisch. Gott hört oder erhört.

Ismar Althochdeutsch. Eisen und berühmt.
Ismet Türkisch. Ehre, Anstand. *Auch weiblicher Vorname.*
Israel Hebräisch. Fechter Gottes.
István Ungarische Form von → Stephan.
Ivan, Iwan Russische Formen von → Johannes.
Iven Dänische Kurzform von → Johannes.
Ives Variante von → Yves.
Ivo Englisch und Ostfriesisch. Bogen aus Eibenholz.
Iye Indianisch. Rauch.

J

Jaak Niederländische Kurzform von → Jakob.
Jaap Niederländische Kurzform von → Jakob.
Jabbo, Jabo Friesische Varianten von → Jakob.
Jacinto Spanische Form von → Hyazinth.
Jack Englische Kurzform von → John.
Jackson Englisch. Sohn des Jack.
Jacob Variante von → Jakob.
Jacobo Spanische Form von → Jakob.
Jacques Französische Form von → Jakob.
Jaden Englische Form von → Jadon.
Jadon Hebräisch. Gott herrscht.
Jago Spanische Form von → Jakob.
Jahi Afrikanisch. Würde.
Jaime Spanische Form von → Jakob.
Jake Englische Kurzform von → Jakob.
Jakob Hebräisch. Überlister.

> **IM FOKUS: JAKOB**
>
> Jakob ist nicht das Richtige für euer Kind? Aber vielleicht gefällt euch eine Neben-, Kose- oder Kurzform dieses Namens?
> Hier findet ihr Varianten aus den unterschiedlichsten Sprachen:
>
> Jakobus, Jockel (Neben- und Kurzformen), Diego, Jacobo, Jago, Jaime, Santiago (spanisch), Giacomo (italienisch), Jaak, Jaap (niederländisch), Jacob (englisch, niederländisch), James, Jay (englisch), Jabbo, Jabo (friesisch), Jacques (französisch), Jakow, Jascha (russisch), Jakub (polnisch, tschechisch), Köbes (rheinisch), Seamus (irisch).

Jakow   Russische Form von → Jakob.

Jakub   Polnische und tschechische Form von → Jakob.

Jalal   Arabisch. Ruhm, Größe.

Jalo   Finnisch. Der Edle, Vornehme.

Jamal   Variante von → Djamal.

James   Englische Form von → Jakob.

Jamie   Englische Kurzform von → James. *Auch weiblicher Vorname.*

Jan   Norddeutsche, niederländische, skandinavische, tschechische und polnische Form von → Johannes.

Janek   Polnische Form von → Johannes.

Janick, Janik   Slawische Formen von → Johannes.

Janis   Baltische Form von → Johannes.

Janko   Bulgarische Form von → Johannes.

Janne   Skandinavische Form von → Johannes.

Jannek   Variante von → Johannes.

Janni   Variante von → Johannes.

Jannik   Dänische Koseform von → Jan.

Jannis   Friesische Form von → Johannes.

Jánnis   Griechische Form von → Johannes.

Janno, Jano   Osteuropäische Formen von → Johannes.

János   Ungarische Form von → Johannes.

Janosch Variante von → Johannes.
Jans Friesische Form von → Johannes.
Janusch Variante von → Johannes.
Janusz Polnische Form von → Johannes.
Jared Englisch, hebräischen Ursprungs. Herabsteigen.
Jarl Skandinavisch. Freier, Edler.
Jarne Jütländische Form von → Georg.
Jaro Kurzform von → Jaromir oder → Jaroslaw.
Jaromir Slawisch. Fester Friede.
Jaroslaw Slawisch. Ernster Ruhm.
Jascha Russische Form von → Jakob. *Auch weiblicher Vorname.*
Jason Griechisch. Heilkundiger.
Jasper Norddeutsche, niederländische und englische Form von → Kaspar.
Javier Spanische Form von → Xaver.
Jay Englische Kurzform von → Jakob oder → Jason.

JAZZ – TOP ODER FLOP?

Die Liebe zur Musik wollten Eltern ihrem Sohn in die Wiege legen. Und das durften sie auch. Das Amtsgericht Dortmund entschied, dass der Name Jazz einem Jungen neben einem weiteren Namen als Vorname erteilt werden kann. Ob die Eltern immer noch gerne Jazz hörten, als das Baby nächtelang durchschrie, wissen wir allerdings nicht …

Jean Französische Form von → Johannes. *Auch weiblicher Vorname.*
Jean-Claude, Jean-Michel, Jean-Pierre Beliebte Zusammensetzungen aus → Jean und → Claude, → Michel bzw. → Pierre.
Jedidiah Hebräisch. Des Herren Liebling.
Jeff Englische Kurzform von → Jeffrey oder → Geoffrey.
Jeffrey Englische Form von → Gottfried.
Jefta Variante von → Jephta.
Jelso Friesisch mit Althochdeutschem Ursprung. Der Edle.

Jendrich, Jendrick, Jendrik Slawische Formen von → Heinrich.
Jenö Ungarische Form von → Eugen.
Jens Friesische und dänische Kurzform von → Johannes.
Jephta Hebräisch. Gott öffnet.
Jeremias Hebräisch. Den Gott erhöht.
Jeremy Englische Form von → Jeremias.
Jerk, Jerker Norddeutsche Varianten von → Erich.
Jeroen Niederländische Variante von → Hieronymus.
Jerome, Jérôme Englische bzw. französische Formen von → Hieronymus.
Jerrit Norddeutsche Variante von → Gerhard.
Jerry Englische Kurzform von → Jeremy.
Jerzy Polnische Form von → Jürgen.
Jesaja Hebräisch. Heil Gottes.
Jesko Slawische Kurzform von → Jarolslaw und → Jaromir.
Jesper Dänische Form von → Jasper.
Jesse Englisch, hebräischen Ursprungs. (Vermutlich) Gott existiert.
Jesus Variante von → Josua.

JESUS – TOP ODER FLOP?

In spanischsprachigen Ländern ist der Vorname Jesus nicht ungewöhnlich. In Deutschland mussten sich Eltern, das Recht, ihren Sohn Jesus zu nennen, erst vor Gericht erkämpfen. Das Oberlandesgericht Frankfurt am Main gab ihnen Recht und erklärte Jesus als eintragungsfähig.

Jian Chinesisch. Der Gesunde.
Jim, Jimi, Jimmy Englische Kurzformen von → James.
Jindrich Slawische Form von → Heinrich.
Jiří Tschechische Form von → Georg.
Jiro Japanisch. Zweiter Mann.
Jivin Indisch. Leben spenden.
Jo Kurzform von → Johannes, → Joachim oder → Josef.
Auch weiblicher Vorname.

Joachim Hebräisch. Gott richtet auf.
Joakim Skandinavische Form von → Joachim.
Joan Katalanische Form von → Johannes. *Auch weiblicher Vorname.*
João Portugiesische Form von → Joachim.
Joaquin Spanische Form von → Joachim.
Joas, Joasch Hebräisch. Gott ist stark.
Job Variante von → Hiob.
Jobst Kurzform von → Jodokus.
Jochem, Jochen Kurzformen von → Joachim.
Jockel Koseform von → Jakob, → Joachim.
Jodokus Keltisch. Krieger.
Joe Englische Kurzform von → Josef.
Joel, Joël Hebräisch. Jahwe ist Gott.
Johan Skandinavische und friesische Form von → Johannes.
Johann Kurzform von → Johannes.
Johannes Hebräisch. Der Herr ist gnädig, gütig.

IM FOKUS: JOHANNES

Johannes ist nicht das Richtige für euer Kind? Aber vielleicht gefällt euch eine Neben-, Kose- oder Kurzform dieses Namens?
Hier findet ihr Varianten aus den unterschiedlichsten Sprachen:

Hanke, Hanko, Hannes, Hanno, Hanns, Hans, Hennes, Jannek, Jannik, Jann, Janosch, Janusch, Jo, Johann, Jon (Neben- und Kurzformen), Ansis (lettisch), Gian (rätoromanisch), Gianni, Giovanni (italienisch), Hannu (finnisch), Ian, John, Johnn, Jonny (englisch, schottisch), Ionannis, Jánnis, Yannis (griechisch), Ion (rumänisch), Iwan, Ivan (russisch), Iven (dänisch) Jan, Jann (skandinavisch, niederländisch, polnisch), Janek, Janusz (polnisch), Janick, Janik (slawisch), Janis (baltisch), Janne (skandinavisch), Jannis, Jans (friesisch), Janko (bulgarisch), Janno, Jano, Jovan (osteuropäisch), János (ungarisch), Jean (französisch), Jens (dänisch, friesisch), Joan (katalanisch), João (portugiesisch), Johan (skandinavisch, friesisch), Juan (spanisch), Hannu, Juha, Jukka (finnisch), Sean, Shane (irisch), Sion (walisisch).

John Englische Form von → Johannes.
Johnny Englische Kurzform von → John.
Jomo Afrikanisch. Bauer.
Jon 1. Variante von → Johannes. 2. Englische Kurzform von → Jonathan.
Jona Variante von → Jonas.
Jonah Englische Form von → Jonas.
Jonas Hebräisch. Taube.
Jonathan Hebräisch. Gott hat gegeben, Gottesgabe.
Jonny Englische Kurzform von → John.
Joona Finnische Form von → Jonas.
Jooris Norddeutsche Form von → Gregor oder → Georg.
Jöran Schwedische Variante von → Jürgen oder → Georg.
Jordan Hebräisch. Nach dem gleichnamigen Fluss in Palästina, in dem Jesus getauft wurde.
Jordi Katalanische Form von → Georg.
Jörg Variante von → Georg.
Jorge Spanische Form von → Georg.
Jörgen Dänische Form von → Jürgen.
Joris Norddeutsche Form von → Gregor oder → Georg.
Jorma Finnische Kurzform von → Jeremias.
Jörn Norddeutsche Kurzform von → Georg.
Joschka Ungarische Koseform von → Josef.
José Spanische Form von → Josef.
Josef, Joseph Hebräisch. Gott möge vermehren, Gott fügt hinzu.
Josèphe Französische Form von → Josef.
Josh Kurzform zu → Joshua.
Joshua Englische Form von → Josua.
Josias Hebräisch. Jahwe heilt.
Josip Slawische Form von → Josef.
Jost Variante von → Jodokus.
Josua Hebräisch. Der Herr hilft.
Jovan Osteuropäische Form von → Johannes.

Józef Polnische Form von → Josef.

Juan Spanische Form von → Johannes.

Judas Hebräisch. Der gelobt oder berühmt ist, Bekenner.

Juha Finnische Form von → Johannes.

Jukka Finnische Form von → Johannes.

Jules Französische Form von → Julius.

Julian, Julianus Varianten von → Julius.

Julien Französische Form von → Julius.

Julio Spanische Form von → Julius.

Julius Lateinisch. Geht zurück auf einen römischen Geschlechternamen.

IM FOKUS: JULIUS

Julius ist nicht das Richtige für euer Kind? Aber vielleicht gefällt euch eine Neben-, Kose- oder Kurzform dieses Namens?
Hier findet ihr Varianten aus den unterschiedlichsten Sprachen:

Julian, Julianus (Nebenformen), Giuglio, Giuilano, Giulio (italienisch), Gyula (ungarisch), Jules, Julien (französisch), Julian (englisch), Julio (spanisch).

Jupp Rheinische Kurzform von → Josef.

Jurek Polnische Koseform zu → Georg.

Jürg, Jürgen Norddeutsche Kurzformen von → Georg.

Juri Slawische Form von → Georg.

Justin, Justinus Nebenformen von → Justus.

Justus Lateinisch. Der Gerechte.

Kaapo Finnische Form von → Gabriel.
Kacey Nebenform zu → Casey.
Kai, Kaj Friesisch. (Vermutlich) Kampf. *Auch weiblicher Vorname.*

KAI ALS ALLEINIGER VORNAME?

Auch hier gilt wieder „keine Regel ohne Ausnahme". So erlaubte das Oberlandesgericht Hamm im Jahr 2004, Kai als alleinigen Vornamen eines Jungen einzutragen. Acht Jahre zuvor hatte das Amtsgericht Tübingen dies noch abgelehnt.

Kajetan Lateinisch. Der aus der Stadt Gaëta Stammende.
Kalani Hawaiisch. Himmel.
Kaleb Variante von → Caleb.
Kalil Arabisch. Guter Freund.
Kalle Schwedische Kurzform von → Karl.
Kalman Ungarische Form von → Kolman.
Kamal Arabisch. Vollkommenheit.
Kami Indisch. Der Anhängliche.
Kamill, Kamillo Varianten von → Camillo.
Kaniel Hebräisch. Halm, Binse.
Kano Japanisch. Gott des Wassers.
Kantu Indisch. Der Glückliche.
Karel Niederländische und tschechische Form von → Karl.
Karim Arabisch. Der Großzügige.
Karl Althochdeutsch. (Freier) Mann, Ehemann.

IM FOKUS: KARL

Karl ist nicht das Richtige für euer Kind? Aber vielleicht gefällt euch eine Neben-, Kose- oder Kurzform dieses Namens?
Hier findet ihr Varianten aus den unterschiedlichsten Sprachen:

Carl, Carolus, Karlmann, Karlo, Karolus (Neben- und Kurzformen), Carel (tschechisch), Carlo (italienisch), Carlos (portugiesisch, spanisch), Carol (rumänisch), Charles (englisch, französisch), Charlie, Charly (englisch), Kalle (finnisch, schwedisch), Karel (niederländisch, tschechisch), Karol (polnisch), Károly (ungarisch).

Karlo   Variante von → Karl.
Karol   Polnische Form von → Karl.
Karolus   Variante von → Karl.
Károly   Ungarische Form von → Karl.
Karsten   Norddeutsche Form von → Christian.
Kasim   Arabisch. Der Teilende, Verteilende.
Kasimir   Slawisch. Verkünden und Friede.
Kaspar   Persisch. Schatzmeister.
Katsumi   Japanisch. Selbstbeherrschung.
Kauko   Finnisch. Der weit Entfernte.
Kavi   Indisch. Dichter.
Kazuki   Japanisch. Baum.
Kay   Variante von → Kai.
Keanu   Hawaiisch. Frischer Wind.
Kees   Niederländische Kurzform von → Cornelius.
Keith   Englisch. Name eines schottischen Orts und Clans.
Keld   Skandinavisch. Kessel.
Kelly   Irisch. Krieger. *Auch weiblicher Vorname.*
Kemâl   Türkisch. Vollkommenheit, Vollendung.
Ken   Englische Kurzform von → Kenneth.
Kenaniah   Hebräisch. Jahwe stellt her.

Kendrick Altenglisch. Geht vermutlich zurück auf einen Familiennamen.
Kenneth Englisch, keltischer Herkunft. Der Tüchtige, Flinke.
Keno Kurzform von → Konrad.
Kent 1. Altwalisisch. Der Erleuchtete. 2. Kurzform von → Kenneth.
Kerk Skandinavisch. Der aus dem Kirchendorf.
Kermit Englisch, Keltischer Herkunft. Freier Mann.
Kerry Englisch/Irisch, keltischer Herkunft. Der Finstere.
 Auch weiblicher Vorname.
Kersten Norddeutsche Form von → Christian.
Kerwin Irisch. Der Schwarze, der Rabe.
Kester Schottische Variante von → Christopher.
Kevin Englisch/Irisch. Der Anmutige, Hübsche.
Khalid Arabisch. Der Ewige.
Khalil Arabisch. Freund.
Khoury Arabisch. Priester.
Kian Irisch. Der Alte.
Kieran Englische Form von → Ciaran.
Kilian Irisch/Schottisch, keltischer Herkunft. Kirchenmann.
Kim Kurzform von → Kimberley. *Auch weiblicher Vorname.*
Kimberley Englisch. Geht auf einen Englischen Familiennamen zurück.
 Auch weiblicher Vorname.
Kin Japanisch. Der Goldene.
Kinta Indianisch. Biber.
Kiral Türkisch. König.
Kirk Skandinavisch. Der aus dem Kirchendorf.
Kito Afrikanisch. Edelstein.
Kiyoshi Japanisch. Ruhe, Stille.
Kjeld, Kjell Skandinavisch. Helm.
Klaas, Klas Kurzformen von → Nikolaus.
Klaudius Variante von → Claudius.
Klaus Kurzform von → Nikolaus.
Klausdieter, Klaus-Dieter Zusammensetzung aus → Klaus und → Dieter.
Klausjürgen, Klaus-Jürgen Zusammensetzung aus → Klaus und → Jürgen.

Klemens, Klement, Klemenz Varianten von → Clemens.
Kleopas Griechisch. Der Ruhm des Vaters.
Knud Dänische Form von → Knut.
Knut Skandinavisch. Der Freimütige, Kecke.
Kolja Russische Kurzform von → Nikolai.
Kolman, Koloman Keltisch. Einsiedler.
Kolumban Lateinisch. Taube.
Konane Hawaiisch. Hell wie das Mondlicht.
Konni, Konny Kurzformen von → Konrad, → Konstantin.
Auch weiblicher Vorname.
Konrad Althochdeutsch. Kühn und Ratgeber.
Konradin Verkleinerungsform von → Konrad.
Konstantin Lateinisch. Der Standhafte, Beständige.

IM FOKUS: KONSTANTIN

Konstantin ist nicht das Richtige für euer Kind? Aber vielleicht gefällt euch eine Neben-, Kose- oder Kurzform dieses Namens?
Hier findet ihr Varianten aus den unterschiedlichsten Sprachen:

Constantin, Constantinus, Konni, Konny (Neben- und Kurzformen), Konstantinos, Kostas (griechisch), Kosta, Kostja (slawisch).

Konstantinos Griechische Form von → Konstantin.
Korbinian Lateinisch. Rabe.
Kord Variante von → Kurt.
Kornelius Variante von → Cornelius.
Kosta Slawische Kurzform von → Konstantin.
Kostas Griechische Kurzform von → Konstantin.
Kostja Slawische Kurzform von → Konstantin.
Krischan Norddeutsche Form von → Christian.
Krischna, Krishna Indisch. Der Schwarze, der Entzückende.
Auch weiblicher Vorname.

Krispin, Krispinus Varianten von → Crispin.
Krister Schwedische Form von → Christian.
Kristian Skandinavische Form von → Christian.
Kristof Skandinavische Form von → Christoph.
Kumi Afrikanisch. Der Starke. *Auch weiblicher Vorname.*
Kunibert Althochdeutsch. Sippe/Geschlecht und glänzend.
Kuno Kurzform von → Konrad und Vornamen mit Kuni-.
Kurt Eigenständige Kurzform von → Konrad.

25 EINSILIBIGE JUNGENNAMEN

Ben, Bo, Carl, Dirk, Finn, Franz, Fritz, Jan, Jörg, Jens, Kai, Kurt, Lars, Leif, Marc, Mats, Max, Nick, Nils, Paul, Peer, Sven, Till, Tim, Tom.

Kyle Irisch. Der von der Meerenge, der Schöne.
   Auch weiblicher Vorname.
Kylian Irisch. (Vermutlich) Krieg, Kampf.
Kyo Japanisch. Der Große.
Kyrill Variante von → Cyrill.

Laban Hebräisch. Der Weiße.
Lachlan Variante von → Lochlann.
Ladewig Friesische Form von → Ludwig.
Ladislaus Latinisierte Form des slawischen → Vladislav.
Lado Südslawische Kurzform von → Ladislaus.
Lais Indisch. Löwe.

Lajos Ungarische Form von → Ludwig.
Lambert, Lambrecht, Lampert, Lamprecht Althochdeutsch.
    Land und glänzend.
Lance Englische Variante von → Lancelot.
Lancelot, Lanzelot Englisch. Geht zurück auf den sagenhaften Ritter
    aus der Tafelrunde des Königs Artus.
Lando Kurzform von Vornamen mit Land-.
Landolf, Landulf Althochdeutsch. Land und Wolf.
Langundo Indianisch. Der Friedliche.
Lani Hawaiisch. Himmel. *Auch weiblicher Vorname.*
Larry Englische Kurzform von → Lawrence.
Lanzo Kurzform von Vornamen mit Land-.
Lars Schwedische Kurzform von → Laurens.
Lasse Schwedische Koseform von → Lars.
László Ungarische Form von → Ladislaus.
Latif Arabisch. Der Nette, Gütige.
Launo, Launy Finnische Formen von → Nikolaus.
Laurel Englische Variante von → Laurentius.
Laurence Französische Form von → Laurentius.
    Auch weiblicher Vorname.

LAURENCE – TOP ODER FLOP?

Der Vorname Laurence ist geschlechtsneutral. Das Amtsgericht Duisburg hat jedoch entschieden, dass ein Junge den Vornamen Laurence ohne Hinzufügung eines weiteren, eindeutig männlichen Vornamens tragen darf.

Lawrence Englische Form von → Laurentius.
Laurens Schwedische Form von → Laurentius.
Laurent Französische Form von → Laurentius.
Laurentius, Laurenz Lateinisch. Der aus der Stadt Laurentum
    Stammende.

IM FOKUS: LAURENTIUS

Laurentius ist nicht das Richtige für euer Kind? Aber vielleicht gefällt euch eine Neben-, Kose- oder Kurzform dieses Namens?
Hier findet ihr Varianten aus den unterschiedlichsten Sprachen:

Laurenz, Lauritz, Lauro, Lenz, Lorenz, Renz, Renzo (Neben- und Kurzformen), Larry, Laurel, Laurence, Lawrence, Loren, Lorin (englisch), Lauri, Laurie (englisch, finnisch), Lars, Lasse, Laurids, Laurits (skandinavisch), Laurens (schwedisch), Laurent, Laurence (französisch), Lorenzo (italienisch, spanisch), Loris (italienisch).

Lauri Finnische und norwegische Form von → Laurentius.

Laurids Dänische Form von → Laurentius.

Laurie Englische Variante von → Laurentius. *Auch weiblicher Vorname.*

Laurin Lateinisch. Der mit Lorbeer bekränzt ist.

Laurits Skandinavische Variante von → Laurentius.

Lauritz Dänische Variante von → Laurentius.

Lauro Variante von → Laurentius.

Lazar, Lazarus Hebräisch. Bedeutung. Gott ist Helfer.

Leander, Leandros Griechisch. Volk und Mann.

Lee Englisch. Der von der Wiese Stammende. *Auch weiblicher Vorname.*

Lei Chinesisch. Donner.

Leif Skandinavisch. Sohn, Erbe.

Lekeke Hawaiisch. Mächtiger Herrscher.

Lelio Lateinisch. Geht zurück auf einen römischen Geschlechternamen.

Len Englische Kurzform von → Leonhard.

Lenard, Lenhard Varianten von → Leonhard.

Lennart Norddeutsche und schwedische Form von → Leonhard.

Lennie Kurzform von → Leonhard.

Lennon Gälisch. Der Geliebte.

Lennox Englisch. Feld am Fluss.

Lenny 1. Kurzform von → Leonhard. 2. Englische Kurzform von → Leonhard.
Lenz Kurzform von → Lorenz, → Laurentius.
Leo, Leon Kurzformen von → Leonhard.

25 ZWEISILBIGE JUNGENNAMEN

Aaron, Anton, David, Emil, Erik, Felix, Jonas, Hannes, Henry/Henri, Jakob, Jannik, Leon, Liam, Luis, Lukas, Mika, Milan, Moritz, Niklas, Noah, Oskar/Oscar, Philipp, Simon, Theo, Vincent.

Leonard Variante von → Leonhard.
Léonard Französische Form von → Leonhard.
Leonardo Italienische Form von → Leonhard.
Leonas Variante von → Leonhard.
Leonce Französische Variante von → Leonhard.
Leonhard Lateinisch/Deutsch. Löwe und stark.
Leonid Russisch, griechischer Herkunft. Löwensohn.
Leonidas Griechisch. Der dem Löwen gleicht.
Leopold Althochdeutsch. Volk und kühn.
Leopoldo Italienische Form von → Leopold.
Leroy Englisch. Geht zurück auf das französische „le roi", der König.
Leslie Englisch. Geht zurück auf einen schottischen Orts- und Clannamen. *Auch weiblicher Vorname.*
Lester Englisch. Geht auf den Ortsnamen Leicester zurück.
Leszek Polnische Variante von → Alexander.
Letsego Afrikanisch. Waffe.
Leupold, Leupolt Varianten von → Leopold.
Lev Russische Form von → Leo.
Levi Hebräisch. Der Anhängliche, dem Bunde Zugetane.
Levin Norddeutsche Form von → Liebwin.
Lew Russische Form von → Leo.

Lewin Norddeutsche Form von → Liebwin.
Lewis Englische Form von → Ludwig.
Lex Kurzform von → Alexander.
Li Chinesisch. Der Schöne. *Auch weiblicher Vorname.*
Liam Irische Kurzform von → William.
Liang Chinesisch. Der Gute.
Liberius Lateinisch. Der Freie.
Liberty Englisch. Freiheit. *Auch weiblicher Vorname.*
Liborius Lateinisch. Einem Gott opfern.
Liebwin Althochdeutsch. Lieb und Freund.
Lienhard, Lienhart Varianten von → Leonhard.
Lin Chinesisch. Wald. *Auch weiblicher Vorname.*
Lindani Afrikanisch. Der Geduldige.
Lindsay Altenglisch. Der von der Insel der Lindenbäume Stammende. *Auch weiblicher Vorname.*
Linnart Schwedische Variante von → Lennart.
Lino Italienische Form von → Linus.
Linus 1. Griechisch. Geht auf den altgriechischen Namen Linos zurück. Der Klagende, Trauernde. 2. Kurzform von Namen, die auf -linus enden, z. B. Paulinus.
Lion Variante von → Leo, Leon.
Lionel Französische und englische Variante von → Lion.
Lior Hebräisch. Mein Licht.
Liu Afrikanisch. Stimme.
Liwanu Indianisch. Brummender Bär.
Lloyd Englisch. Der Graue.
Lochlann Gälisch. Seenland.
Lodewig, Lodewik Niederländische Formen von → Ludwig.
Lodovico Italienische Form von → Ludwig.
Logan Englisch. Geht zurück auf einen Orts- und Familiennamen.
Loic Französische Variante von → Louis.
Lois, Loisl Kurzformen von → Alois.

LONDON – TOP ODER FLOP?

Vor allem in den USA sind Städtenamen beliebte Vornamen. Oft wird dabei ein Ort gewählt, zu dem die Eltern eine besondere Beziehung haben. Oder der Ort, an dem das Kind gezeugt wurde (so soll Brooklyn Beckham, der Sohn von Fußballer David Beckham und Ex-Spice-Girl Victoria, zu seinem Namen gekommen sein). Und wie sieht es in Deutschland aus? Hier ist zumindest London als männlicher und weiblicher Vorname eintragungsfähig, sofern ein weiterer geschlechtsspezifischer Vorname gewählt wird. Auf das Urteil zu Wanne-Eickel warten wir noch …

Longin, Longinus   Lateinisch. Der Lange.
Lorcan   Gälisch. 1. Der Ruhige. 2. Tapferer Kämpfer.
Lorenz   Eingedeutschte Form von → Laurentius.
Lorenzo   Italienische und spanische Form von → Laurentius.
Loren, Lorin   Englische Varianten von → Laurentius.
Loris   Italienische und schweizerische Kurzform von → Laurentius. *Auch weiblicher Vorname.*
Lothar   Althochdeutsch. Laut/berühmt und Heer.
Lou   Kurzform von → Louis. *Auch weiblicher Vorname.*
Louis   Französische Form von → Ludwig.
Lovis   Norddeutsche Form von → Ludwig.
Lowik   Niederländische Form von → Ludwig.
Lowis   Norddeutsche Form von → Ludwig.
Lu   Kurzform von Vornamen mit Lu-, Lud-. *Auch weiblicher Vorname.*
Luc   Französische Kurzform von → Lukas.
Luca   Italienische Form von → Lukas.
Lucas   Variante von → Lukas.
Lucero   Variante von → Lucius.
Lucian, Lucianus   Erweiterte Formen von → Lucius.
Luciano   Italienische Form von → Lucius.
Lucien   Französische Form von → Lucius.

Lucio Italienische Form von → Lucius.

Lucius Lateinisch. Der Lichte, der Glänzende, der bei Tagesanbruch Geborene.

Ludewig Variante von → Ludwig.

Ludger Variante von → Luitger.

Ludo Kurzform von Vornamen mit Lud-.

Ludolf Variante von → Luitolf.

Ludovico Italienische Form von → Ludwig.

Ludvig Rätoromanische und schwedische Form von → Ludwig.

Ludwig Althochdeutsch. Laut/berühmt und Kampf.

IM FOKUS: LUDWIG

Ludwig ist nicht das Richtige für euer Kind? Aber vielleicht gefällt euch eine Neben-, Kose- oder Kurzform dieses Namens?
Hier findet ihr Varianten aus den unterschiedlichsten Sprachen:

Alois, Chlodwig, Clovis, Loic, Lou, Ludewig, Ludo, Luggi, Lutz (Neben- und Kurzformen), Ladewig (friesisch), Lajos (ungarisch), Lewis (englisch), Lodewig, Lodewik (niederdeutsch, niederländisch), Lodovico, Ludovico, Luigi (italienisch), Louis (französisch), Lovis (niederdeutsch), Lowik (niederländisch), Luis, Luiz (spanisch).

Luggi Koseform von → Ludwig.

Luick Ostfriesische Kurzform von Vornamen mit Luit-.

Luigi Italienische Form von → Ludwig.

Luis Rätoromanische und spanische Form von → Ludwig.

Luitbald Althochdeutsch. Volk und kühn.

Luitger Althochdeutsch. Volk und Speer.

Luitolf Althochdeutsch. Volk und Wolf.

Luitpold Variante von → Luitbald.

Luiz Spanische Form von → Ludwig.

Lukas Lateinisch. Geht zurück auf den Evangelisten Lukas.

Luke Englische Kurzform von → Lukas.
Lulani Hawaiisch. Höchster Punkt am Himmel. *Auch weiblicher Vorname.*
Lutz Kurzform von → Ludwig.
Luuk Niederländische Form von → Lukas.
Lux Kurzform von → Lukas.
Luzius Variante von → Lucius.
Lyder Skandinavisch. Volk und Krieger.
Lysander Griechisch. Der Freigelassene.

Maarten Norddeutsche und niederländische Form von → Martin.
Macarius Lateinisch. Der Gesegnete.
Maddox Keltisch. Madocs Sohn.
Mads Variante von → Mats.
Magnar Variante von → Magnus.
Magnus Lateinisch. Der Große, Angesehene.
Maik Eingedeutschte Form des Englischen → Mike.
Mainart, Maint Ostfriesische Formen von → Meinhard.
Makani Hawaiisch. Wind. *Auch weiblicher Vorname.*
Malcolm Englisch, keltischer Herkunft. Diener, Schützer des heiligen Columban.
Malik Arabisch. Kaiser.
Malte Dänisch, vermutlich eine Variante von → Helmolt.
Malwin Althochdeutsch. Gerichtsstätte und Freund.
Manchu Chinesisch. Der Reine.
Manfred Althochdeutsch. Mann und Friede.
Manhard, Manhart Althochdeutsch. Mann und stark.

Mano Slawische und ungarische Kurzform von → Immanuel.
Manolo Spanische Verkleinerungsform von → Manuel.
Mansa Afrikanisch. König.
Mantas Baltisch. Bedeutung unklar.
Manuel Spanische Form von → Immanuel.
Marbert Althochdeutsch. Pferd und glänzend.
Marbod Althochdeutsch. Pferd und Bote.
Marc 1. Variante von → Mark. 2. Französische Form von → Markus.
Marcel Französische Form von → Marcellus.
Marcellino Italienische Form von → Marcellus.
Marcellinus Erweiterte Form von → Marcus.
Marcello Italienische Form von → Marcellus.
Marcellus Erweiterte Form von → Marcus.
Marcin Polnische Nebenform von → Martin.
Marco Italienische und spanische Form von → Markus.
Marcos Spanische Form von → Markus.
Marcus Lateinische Form von → Markus.
Marek Slawische Form von → Markus.
Marhold Althochdeutsch. Pferd und herrschen.
Maria *Als männlicher Zweitname zugelassen.*
Marian Kurzform vom Lateinischen Marianus. Den Marius betreffend.
Marin Französische Form von → Marinus.
Marino Italienische Form von → Marinus.
Marinus Lateinisch. Der zum Meer Gehörende.
Mario Italienische und spanische Form von → Marius.
Maris Variante von → Marius.
Marius Lateinisch. Geht zurück auf einen römischen Geschlechternamen.
Mark Englische, dänische und niederländische Kurzform von → Markus.
Markku Finnische Form von → Markus.
Marko Südslawische Form von → Markus, auch eingedeutschte Schreibweise von → Marco.
Markus Lateinisch. Sohn des Mars (römischer Kriegsgott).

IM FOKUS: MARKUS

Markus ist nicht das Richtige für euer Kind? Aber vielleicht gefällt euch eine Neben-, Kose- oder Kurzform dieses Namens?
Hier findet ihr Varianten aus den unterschiedlichsten Sprachen:

Marcellinus, Marcellus, Marcus, Mark (Neben- und Kurformen), Marc, Marcel (französisch), Marcellino, Marcello, Marco (italienisch), Marcos (spanisch), Marek, Marko (slawisch), Markku (finnisch).

Marlin Variante von → Merlin.
Marlon Englisch. Geht wahrscheinlich zurück auf eine altfranzösische Koseform von → Marc.
Marnin Hebräisch. Der Glücksbringer.
Mart Kurzform von → Martin.
Marten Niederländische und schwedische Form von → Martin.
Märten Variante von → Martin.
Martin Lateinisch. Geht zurück auf den römischen Beinamen Martinus (Sohn des Mars, der dem Kriegsgott Mars Geweihte) zurück.
Martinho Portugiesische Form von → Martin.
Martino Italienische Form von → Martin.
Marvin Englische Form von → Marwin.
Marwin Althochdeutsch. Berühmt und Freund.
Masahiro Japanisch. Gerechtigkeit.
Masetto, Masino, Maso Italienische Koseformen von → Thomas.
Mason Englisch. Maurer, geht zurück auf einen Familiennamen.

25 ENGLISCHE JUNGENNAMEN

Alfie, Archie, Charlie, Dylan, Elijah, Ethan, Finley, Harrison, Harry, Harvey, Henry, Jack, Jaden, James, Jared, Jasper, Jesse, Joshua, Liam, Logan, Mason, Riley, Ryan, Tyler, William.

Massimiliano Italienische Form von → Maximilian.
Massimo Italienische Form von → Maximilian.
Masud Arabisch. Der Glückliche.
Mat Englische Kurzformen von → Matthew.
Maternus Lateinisch. Der Mütterliche.
Mathew Englische Form von → Matthias.
Mathias Variante von → Matthias.
Mathieu Französische Form von → Matthias.
Mathis Norddeutsche Form von → Matthias.
Matias Finnische und spanische Form von → Matthias
Mato Indianisch. Der Tapfere.
Mats Schwedische Kurzform von → Matthias.
Matt Englische Kurzform von → Matthew.
Matteo Italienische Form von → Matthäus.
Mattes Kurzform von → Matthias.
Matthäus Variante von → Matthias.
Matthew Englische Form von → Matthias.
Matthias Hebräisch. Gabe des Herrn, Gottesgeschenk.
Matthis Variante von → Matthias.

IM FOKUS: MATTHIAS

Matthias ist nicht das Richtige für euer Kind? Aber vielleicht gefällt euch eine Neben-, Kose- oder Kurzform dieses Namens?
Hier findet ihr Varianten aus den unterschiedlichsten Sprachen:

Mathias, Mattes, Matthis, Mattias, Matthäus, Hias, Thaisen, Theis, Theiß, Thies, Thieß, This (Neben- und Kurzformen), Mads (skandinavisch), Mat, Mathew, Matt, Matthew (englisch), Mathieu (französisch), Mathis (niederdeutsch), Matias (finnisch, spanisch), Mats (schwedisch), Matteo, Mattia (italienisch), Matti (finnisch), Thijs (niederländisch).

Matti Finnische Form von → Matthias.
Mattia Italienische Form von → Matthias.
Mattias Variante von → Matthias.
Maurice Englische und französische Form von → Moritz.
Mauricio Spanische Form von → Moritz.
Maurin Variante von → Mauritius.
Mauritius Lateinisch. Der Maure aus der römischen Provinz Mauritania.
Maurits, Mauritz, Mauriz Varianten von → Moritz.
Maurizio Italienische Form von → Moritz.
Mauro Italienische Form von → Maurus.
Maurus Lateinisch. Der Maure aus der römischen Provinz Mauritania.
Max Kurzform von → Maximilian.
Maxence Französische Variante von → Maximilian.
Maxim Kurzform von → Maximus.
Maxime Französische Form von → Maximus.
Maximilian Lateinisch. Der Größte, Älteste, Erhabenste.
Maximin Variante von → Maximilian.
Maximus Lateinisch. Der Größte, Älteste, Erhabenste.
Maxwell Englisch, keltischer Herkunft. Große Quelle.
Medhi Arabisch. Mein Erlöser.
Mehmet Türkische Form von → Mohammed.
Mehtar Indisch. Prinz.
Meik, Meikel, Meiko Kurzformen von Vornamen mit Mein-.
Meinard, Meinhard Althochdeutsch. Kraft/Macht und stark.
Meino Friesische Kurzform von Vornamen mit Mein-.
Meinolf, Meinulf Althochdeutsch. Kraft/Macht und Wolf.
Mel Englische Kurzform von → Melvin.
Melchior Hebräisch. Gott ist König des Lichts.
Melvin Englisch. Schwertfreund.
Mendel Kurzform von → Immanuel.
Meo Italienische Kurzform von → Bartolomeo.
Meredith Altwalisisch. Großer Führer, Wächter.
Auch weiblicher Vorname.

Merlin Englisch. Falke.

Merten Rheinisch-niederländische Form von → Martin.

Meso Friesische Kurzform von Vornamen mit Mein-.

Mesut Türkisch. Der Glückliche.

Micha Hebräische Kurzform von → Michaja. Wer ist gleich Gott? *Auch weiblicher Vorname.*

Michael Hebräisch. Wer ist wie Gott?

Michail Russisch Form von → Michael.

Michaja Variante von → Michael.

Michal Hebräische und tschechische Form von → Michael.

Michel 1. Französische Form von → Michael. 2. Deutsche Kurzform von → Michael.

Michele Italienische Form von → Michael.

Michiel Niederländische Form von → Michael.

Mick Englische Kurzform von → Michael.

Mickel Dänische und schwedische Form von → Michael.

Mickey Englische Kurzform von → Michael.

Mies Norddeutsche und niederländische Kurzform von → Bartholomäus.

Miguel Spanische und portugiesische Form von → Michael.

Mihály Ungarische Form von → Michael.

Mika Skandinavisch. Kurzform von → Michael. *Auch weiblicher Vorname.*

MIKA ALS ALLEINIGER VORNAME?

Mika kann auch ein weiblicher Vorname sein. Braucht ein Junge deshalb einen weiteren, eindeutig männlichen Vornamen? Hier sind die Gerichte unterschiedlicher Meinung. Das Amtsgericht Flensburg urteilte 2006, dass Mika generell nur in Verbindung mit einem Zweitnamen eingetragen werden kann. Ein Jahr später ließ das Amstgericht Gießen Mika als männlichen Einzelvornamen zu.

Mikael   Schwedische und norwegische Form von → Michael.

Mike   Englische Kurzform von → Michael.

Mikis   Neugriechische Form von → Michael.

Mikka   Finnische Form von → Michael.

Mikkel   Dänische und schwedische Form von → Michael.

Miklas   Slawische Formen von → Nikolaus.

Miklós   Ungarische Form von → Nikolaus.

Miko   Slawische Form von → Michael.

Mikola, Mikolas   Slawische Formen von → Nikolaus.

Mikolaj   Polnische Form von → Nikolaus.

Milan   Kurzform von → Miloslaw, → Miroslaw.

Miles   Englisch, Lateinischer Herkunft. Soldat, Krieger.

Milko   Kurzform von → Miloslaw.

Milo   Kurzform von → Miloslaw, → Miroslaw.

Milos   Tschechisch. Der Liebe.

Miloslaw   Slawisch. Der Ruhmliebende.

Miltaiye   Indianisch. Aufgewühltes Wasser.

Mimmo   Italienisch. Kleines Kind.

Mingo   Spanische Kurzform von → Domingo.

Mino   Italienische Kurzform von Vornamen, die auf -mino enden (z. B. Giacomino, Guglielmino).

Mio   Italienisch/Spanisch. Mein.

Mirco   Kurzform von → Miroslaw.

Mirek   Koseform zu → Miroslaw.

Mirko   Kurzform von → Miroslaw.

Miro   Slawisch. Frieden.

Miroslaw   Slawisch. Frieden und Ruhm.

Mirza   Persisch. Prinz.

Mischa   Russische Kurzform von → Michail.

Misu   Indianisch. Bewegtes Wasser.

Mitchell   Englische Variante von → Michael.

Mitja   Slawische Kurzform von → Demetrius.

Modest   Lateinisch. Der Bescheidene.

Mogens   Skandinavische Variante von → Magnus.
Mohammed   Arabisch. Der Gepriesene.
Moreno   Italienisch. Der Dunkle, Schwarze.
Morgan   Englisch, keltischer Herkunft. Der auf See Geborene, Seemann.
Moritz   Deutsche Form von → Maurus, → Mauritius.

IM FOKUS: MORITZ

Moritz ist nicht das Richtige für euer Kind? Aber vielleicht gefällt euch eine Neben-, Kose- oder Kurzform dieses Namens?
Hier findet ihr Varianten aus den unterschiedlichsten Sprachen:

Maurin, Maurits, Mauritz, Mauritius, Mauriz, Maurus, Mosche (Neben- und Kurzformen), Maurice (englisch, französisch), Mauricio (spanisch), Maurits (niederländisch, skandinavisch), Maurizio, Mauro (italienisch), Morris (englisch).

Morris   Englische Form von → Moritz.
Morten   Dänische und norwegische Form von → Martin.
Mortimer   Englisch. Geht zurück auf den Ort Mortemer (Normandie).
Moses   1. Hebräisch. Der aus dem Wasser Gezogene. 2. Ägyptisch. Kind.
Muck   Kurzform von → Nepomuk.
Munibert   Althochdeutsch. Geist/Gedanke und glänzend.
Murad, Murat   Türkisch. Wunsch.
Mustafa   Arabisch. Der Erwählte.

N

Nabil Arabisch. Der Edle, Vornehme.
Nabor Hebräisch. Prophet des Lichts.
Naboth Hebräisch. Der Herausragende.
Nadim Arabisch. Freund.
Nadir Arabisch. Der Seltene, Kostbare.
Nahele Hawaiisch. Wald.
Nahum Hebräisch. Tröster.
Namid Indianisch. Sternentänzer.
Nandolf Althochdeutsch. Wagemutig/kühn und Wolf.
Nándor Ungarische Form von → Ferdinand.
Nanno Friesische Kurzform von Vornamen mit Nant-.
Nante Norddeutsche Kurzform von → Ferdinand.
Naoki Japanisch. Der Aufrechte.
Naresh Indisch. Herr der Menschheit.
Narziss Griechisch. Figur aus der griechischen Mythologie.
Nasir Türkisch. Helfer.
Nat Englische Kurzform von → Nathanael.
Natalis Lateinisch. Christi Geburtstag.
Nathan Hebräisch. Gott hat gegeben.
Nathanael, Nathaniel Hebräisch. Gott hat gegeben.
Naum Variante von → Nahum.

NAVAJO – TOP ODER FLOP?

Darf ein Junge Navajo heißen? Nein, entschied das Amtsgericht Tübingen.

Nayan Indisch. Auge.
Ned Englische Kurzform von → Edward.
Neel Friesische Kurzform von → Cornelius.

Nehemia Hebräisch. Gott hat getröstet.
Neil Englisch, keltischer Herkunft. Wolke.
Nelson Englisch. Sohn des Neil.
Nemo Lateinisch. Niemand.
Neo Griechisch. Der Neue.
Nepomuk Tschechisch. Geht zurück auf den böhmischen Ort Pomuk.
Nereos Griechisch. Meeresgott.
Nero Lateinisch. Der Starke, Strenge.
Nestor Griechisch. Held aus Homers „Odyssee".
Nevan Gälisch. Der Heilige.
Nevio Italienisch. Geht zurück auf einen römischen Familiennamen.
Niall Irisch. Wolke, auch der Leidenschaftliche.
Nic Rätoromanische Kurzform von → Nikolaus.
Niccolò Italienische Form von → Nikolaus.
Nicholas Englische Form von → Nikolaus.
Nick Englische Kurzform von → Nikolaus.
Nicki Koseform von → Nikolaus. *Auch weiblicher Vorname.*
Nicklars Variante von → Nikolaus.
Nicko, Nicky Koseformen von → Nikolaus. *Nicky ist auch ein weiblicher Vorname.*
Niclo Rätoromanische Kurzform von → Nikolaus.
Nico Kurzform von → Nikolaus.
Nicodemo Rätoromanische Form von → Nikodemus.
Nicol Kurzform von → Nikolaus.
Nicola Italienische und rätoromanische Form von → Nikolaus. *Häufig vorkommender männlicher Vorname in der Schweiz. Nur in Verbindung mit einem eindeutig männlichen Zweitnamen zulässig.*
Nicolaas Niederländische Form von → Nikolaus.
Nicolai Russische Form von → Nikolaus.
Nicolas Französische Form von → Nikolaus.
Nicolo Italienische Form von → Nikolaus.
Niels 1. Norddeutsche und dänische Kurzform von → Nikolaus.
2. Norddeutsche und niederländische Kurzform von → Cornelius.

Nigel Englisch. (Vermutlich) Variante von → Neil.
Nigg Friesische Kurzform von → Nikolaus.
Nik Kurzform von → Nikolaus.
Nikephoros Griechisch. Der den Sieg Davontragende.
Niki Koseform von → Nikolaus. *Auch weiblicher Vorname.*
Nikias Griechisch. Sieg.
Nikita Russische Koseform von → Nikolai.
Niklaas Niederländische Form von → Nikolaus.
Niklas, Niklaus Kurzformen von → Nikolaus.
Niko Kurzform von → Nikolaus.
Nikodemus Griechisch. Volkssieger.
Nikol Kurzform von → Nikolaus.
Nikolai, Nikolaj Russische Formen von → Nikolaus.
Nikolas Variante von → Nikolaus.
Nikolaus Griechisch. Sieg und Volk.

IM FOKUS: NIKOLAUS

Nikolaus ist nicht das Richtige für euer Kind? Aber vielleicht gefällt euch eine Neben-, Kose- oder Kurzform dieses Namens?
Hier findet ihr Varianten aus den unterschiedlichsten Sprachen:

Claas, Claes, Claus, Klaas, Klas, Klaus, Nicki, Nicklars, Nicko, Niclas, Nico, Nicol, Nik, Niki, Niklas, Niko, Nikol, Nikolas (Neben- und Kurzformen), Miklas, Mikola, Mikolas (slawisch), Miklós (ungarisch), Mikolaj (polnisch), Niccolò, Nicola, Nicolo (italienisch), Colin, Nicholas, Nick, Nicky (englisch), Nicolai, Nikolai, Nikolaj (russisch), Nicolas (französisch), Niels (dänisch), Niklaas (niederländisch), Niklaus (schweizerisch), Nic, Niclo (rätoromanisch), Nigg (friesisch), Nikos (neugriechisch), Nils (norwegisch, schwedisch), Nisse (skandinavisch), Launo, Launy (finnisch).

Nikos Neugriechische Kurzform von → Nikolaus.
Nilius Lateinisch. Der Nil.
Nils Norwegische und schwedische Kurzform von → Nikolaus.

Ning Chinesisch. Friede, Ruhe.
Nino Italienische Koseform von Vornamen, die auf -nino enden.
Nisse Dänische und schwedische Koseform von → Niels, → Nils.
Noah Hebräisch. Ruhebringer.
Noam Variante von → Noah.
Noël Französisch. Weihnachten.
Nolan Keltisch. Nordland.
Nolde, Nolte Friesische Kurzformen von → Arnold.
Nonne, Nonno Friesische Kurzformen von Vornamen mit Nant-.
Norbert Althochdeutsch. Norden und glänzend.
Norfried Variante von Nordfried (Althochdeutsch. Norden und Friede).
Norman Englisch, althochdeutschen Ursprungs. Norden und Mann.
Norwin Variante von Nordwin (Althochdeutsch. Norden und Freund).
Notger Variante von → Notker.
Notker Althochdeutsch. Not und Speer.
Nuada Keltisch. Beschützer.
Nunzio Italienisch. Bote.
Nuri Arabisch. Der Lichtvolle.
Nuru Afrikanisch. Licht.

Obbe, Obbo Friesische Kurzformen von Vornamen mit Od-, Ot-.
Oberon Französisch, althochdeutschen Ursprungs. Elf/Naturgeist und Reich.
Odan Althochdeutsch. Besitzer.
Ode Friesische Kurzform von Vornamen mit Od-, Ot-.
Odemar Variante von → Otmar.
Odilo Koseform von → Odo.

Odin Name des altgermanischen Gottes Odin (Wotan).
Odo Eigenständige Kurzform von Vornamen mit Od-, Ot-.
Odomar Variante von → Otmar.
Ödön Ungarische Form von → Edmund.
Oisin Irisch. Geht zurück auf den Sohn des Kriegers Fionn MacCool aus der gälischen Mythologie.
Okke, Okko Friesische Kurzformen von Vornamen mit Ot-.
Oktavian Variante von → Octavius.
Ola Variante von → Olaf.
Olaf, Olav Skandinavisch. Ahnenspross.
Oldrik Norddeutsche Form von → Ulrich.
Ole 1. Dänische Kurzform von → Olaf. 2. Norddeutsche Kurzform von Vornamen mit Od-, Ul-.
Oleander Lateinisch. Vermischung aus Ölbaum/Rhododendron. Nach dem gleichnamigen Strauch.
Oleg Russische Form von → Helge.
Olf Kurzform von Vornamen, die auf -olf enden.
Olindo Italienisch. Feigenbaum.
Oliver Altfranzösisch. Olivenzweig.
Olivier Französische Form von → Oliver.
Oliviero Italienische Form von → Oliver.
Olli Kurzform von → Oliver. *Auch weiblicher Vorname.*
Olof Schwedische Form von → Olaf.
Oltman Friesisch. Bewährt und Mann.
Oluf Dänische Form von → Olaf.
Olufemi Afrikanisch. Gott liebt mich.

25 AFRIKANISCHE JUNGENNAMEN

Abiona, Adebayo, Agu, Bem, Chi, Chisulo, Daudi, Dumaka, Ghedi, Gowon, Gyasi, Jahi, Jomo, Kumi, Letsego, Liu, Mansa, Nuru, Olufemi, Petiri, Raha, Sekani, Sudi, Tale, Zahur.

Olympus Griechisch. Der vom Berg Olymp Stammende.
Omar Arabisch. Der Höchste, der Erstgeborene.
Omke, Omko, Omme, Ommo Friesische Kurzformen von Vornamen mit Od-, Ot-.
Oran 1. Türkisch. Verhältnis. 2. Irisch. Der Dunkelhaarige.
Orell Schweizerische Form von → Aurelius.
Orest Griechisch. Mann aus den Bergen.
Orfeo Griechisch. Dunkelheit.
Orion Griechisch. Sohn des Feuers.
Orlando Italienische Form von → Roland.
Orsino Variante von → Orson.
Orson Französisch. Bär.
Ortensio Italienisch. Garten.
Ortger Althochdeutsch. Spitze (der Waffe) und Speer.
Ortlieb Althochdeutsch. Spitze (der Waffe) und Erbe.
Ortolt Variante von Ortwald (Althochdeutsch. Spitze (der Waffe) und herrschen).
Ortwein, Ortwin Althochdeutsch. Spitze (der Waffe) und Freund.
Oscar, Oskar Varianten von → Ansgar.
Osmar Althochdeutsch. Gott und berühmt.
Ossip Russische Form von → Josef.
Ossy Kurzform von Vornamen mit Os-.
Oswald, Oswalt Althochdeutsch. Bedeutung Gott und herrschen.
Ota Tschechische Variante von → Otto.
Otbert Althochdeutsch. Besitz und glänzend.
Otfried Althochdeutsch. Besitz und Friede.
Othmar Variante von → Otmar.
Otil Variante von → Otto.
Otis 1. Althochdeusch. Das Gut. 2. Englisch. Geht zurück auf einen Familiennamen.
Otmar Althochdeutsch. Besitz und berühmt.
Otmund Althochdeutsch. Besitz und Schutz der Unmündigen.
Ott Kurzform von Vornamen mit Ot-, Ott-.

Otte 1. Kurzform von Vornamen mit Ot-, Ott-. 2. Schwedische Form von → Otto.
Ottfried Variante von → Otfried.
Ottmar Variante von → Otmar.
Otto Eigenständige Kurzform von Vornamen mit Ot-, Ott-.
Ottokar Althochdeutsch. Besitz und wachsam.
Ottorino Variante von → Otto.
Otwin Althochdeutsch. Besitz und Freund.
Ouray Indianisch. Pfeil.
Ouwe Nordfriesische Form von → Uwe.
Ove Dänische und schwedische Form von → Uwe.
Owe Nordfriesische Formen von → Uwe.
Owen Englische Form von → Eugen.

P

Paale Friesische Form von → Paul.
Paavo Finnische Form von → Paul.
Pablito Spanische Koseform von → Paul.
Pablo Spanische Form von → Paul.
Paco Spanische Kurzform von → Francisco.
Paddy Englische Kurzform von → Patrick.
Padraic, Padraig Irische Formen von → Patrick.
Paki Afrikanisch. Zeuge.
Pál Ungarische Form von → Paul.
Palle Friesische Koseform von → Paul.
Palmatius Lateinisch. Palmenträger.
Palmiro Italienisch. Palmsonntag.
Pals Friesische Form von → Paul.

Panagiotis Griechisch. Der Allheilige.
Pancho Spanische Kurzform von → Francisco.
Pantaleon Griechisch. Gänzlich ein Löwe.
Paolino, Paolo Italienische Formen von → Paul.
Pär Schwedische Form von → Peter.
Paris 1. Französische Variante von → Patricius. 2. Altgriechisch. Geht zurück auf eine Figur aus der griechischen Mythologie.
Parsifal, Parsival, Parzival Altfranzösisch. Der das Tal durchquert.
Pascal Französische Form von → Paschalis.
Pascha Russische Kurzform von → Pawel.
Paschalis Lateinisch. Der zu Ostern Gehörende, der Österliche.
Pascual Spanische Form von → Paschalis.
Pasquale Italienische Form von → Paschalis.
Pasqualino Italienische Koseform von → Paschalis.
Pat Englische Kurzform von → Patrick. *Auch weiblicher Vorname.*
Patrice Englische und französische Form von → Patricius. *Auch weiblicher Vorname.*
Patricio Spanische Form von → Patricius.
Patricius Lateinisch. Zum altrömischen Adel gehörend.
Patrick Englische und irische Form von → Patricius.

IM FOKUS: PATRICK

Patrick ist nicht das Richtige für euer Kind? Aber vielleicht gefällt euch eine Neben-, Kose- oder Kurzform dieses Namens?
Hier findet ihr Varianten aus den unterschiedlichsten Sprachen

Paddy, Pat, Patty (englisch), Padraic, Padraig (irisch), Patrice (französisch, englisch), Patricio (spanisch), Patrik (skandinavisch, slawisch), Patrizio (italienisch).

Patrik Skandinavische und slawische Form von → Patrick.
Patrizio Italienische Form von → Patricius.
Patrizius Variante von → Patricius.
Patty Englische Koseform von → Patrick. *Auch weiblicher Vorname.*
Paul Lateinisch. Der Kleine.

> **IM FOKUS: PAUL**
>
> Paul ist nicht das Richtige für euer Kind? Aber vielleicht gefällt euch eine Neben-, Kose- oder Kurzform dieses Namens?
> Hier findet ihr Varianten aus den unterschiedlichsten Sprachen
>
> Paulin, Paulinus, Paulus (Nebenformen), Paale, Palle (friesisch), Paavo (finnisch), Pablito, Pablo (spanisch), Pál (ungarisch), Paolo (italienisch), Paulo (portugiesisch), Pavel (tschechisch), Pawel (slawisch), Pol, Pole (niederdeutsch), Poul (dänisch).

Paulin, Paulinus Erweiterte Formen von → Paul.
Paulo Portugiesische Form von → Paul.
Paulus Variante von → Paul.
Pavel Tschechische Form von → Paul.
Pawel Slawische Form von → Paul.
Payat Indianisch. Er kommt.
Pearce Englische Variante von → Peter.
Peco Friesische Form von → Peter.
Peder Dänische Form von → Peter.
Pedro Spanische Form von → Peter.
Peeke Friesische Form von → Peter.
Peer Skandinavische Form von → Peter.
Pekka Finnische Form von → Peter.
Peko Friesische Form von → Peter.
Pelagius Griechisch. Offene See, Meer.
Pelle Schwedische Koseform von → Peter.

Pellegrino Italienische Form von → Peregrin.
Pepablo Spanische volkstümliche Zusammensetzung von → Pedro und → Pablo.
Pepe Spanische Koseform von → José.
Pepino Spanische Form von Pippin (Althochdeutsch. Pfeifer).
Peppe, Peppo Italienische Koseformen von → Giuseppe.
Per Schwedische Variante von → Peter.
Percy Englische Kurzform von → Parzival.
Peregrin, Peregrinus Lateinisch. Der Fremde, Reisende, Pilger.
Perez Spanische Form von → Peter.
Pero Osteuropäische Form von → Peter.
Perry Englische Kurzform von → Peregrinus.
Petar Slawische Form von → Peter.
Pete Englische Kurzform von → Peter.
Peter Griechisch/Lateinisch. Fels, Felssitz.
Petiri Afrikanisch. Hier sind wir.
Petö Ungarische Form von → Peter.
Petr Slawische Form von → Peter.
Petrus Lateinische Form von → Peter.
Phelan Irisch. Kleiner Wolf.
Phil Englische Kurzform von → Philip.
Philip Englische Form von → Philipp.
Philipp Griechisch. Pferdefreund.
Philippe Französische Form von → Philipp.
Philo Griechisch. Freund, Liebhaber.
Phöbus Griechisch. Der Strahlende.
Pidder Nordfriesische Form von → Peter.
Pier Italienische und friesische Variante von → Peter.
Pierce Englische Variante von → Peter.
Piero Italienische Form von → Peter.
Pierre Französische Form von → Peter.
Piet, Pieter Niederländische Formen von → Peter.
Pietro Italienische Form von → Peter.

Pim   Niederländische Koseform von → Wilhelm.
Pinar   Türkisch. Quelle. *Auch weiblicher Vorname.*
Pinkas   Variante von → Pinkus.
Pinkus   Hebräisch. Sprachrohr.
Pio   Italienische Form von → Pius.
Pippo   Italienische Koseform von → Filippo.
Pirmin   (Vermutlich) gälisch. (Vermutlich) hoher Herr.
Pit, Pitt   Englische Kurzformen von → Peter.
Pitter   Rheinische Form von → Peter.
Pius   Lateinisch. Der Fromme, Gottesfürchtige.
Pjotr   Russische Form von → Peter.
Plácido   Spanische Form von → Placidus.
Placidus   Lateinisch. Der Sanfte, Ruhige.
Pol   Norddeutsche Variante von → Paul.
Poldi   Kurzform von → Leopold. *Auch weiblicher Vorname.*
Pole   Norddeutsche Variante von → Paul.
Pontian   Lateinisch. Der Mann an der Brücke.
Porter   Englisch. Pförtner.
Poul   Dänische Form von → Paul.
Pramod   Indisch. Jubel.
Prem   Indisch. Liebe.
Priamos   Griechisch. Der Erlöste.
Priamus   Lateinische Form von → Priamos.
Primo   Variante von → Primus.
Primus   Lateinisch. Der Erste.
Prosper, Prosperus   Lateinisch. Der Glückliche.
Prudens   Lateinisch. Der Kluge, Besonnene.
Pulcher   Lateinisch. Der Schöne, Hübsche.

Qabil Arabisch. Der Begabte, Fähige.
Quentin Englische Form von → Quintus.
Quilan Irisch. Der Athletische.
Quinn Irisch. Der Weise.
Quint Kurzform von → Quintus.
Quintinus Erweiterte Form von → Quintus.
Quintus Lateinisch. Der Fünfte.
Quirin Kurzform von → Quirinus.
Quirinus Lateinisch. Der Kriegsmächtige, Kriegerische.

Raban Althochdeutsch. Rabe.
Radek, Rado Slawische Kurzformen von Vornamen mit Rada-, Rado-.
Radlof Variante von → Radolf.
Radolf Althochdeutsch. Ratgeber und Wolf.
Radomil Slawisch. Froh und lieb.
Radomir Slawisch. Froh und berühmt.
Radulf Variante von → Radolf.
Rafael, Raffael Varianten von → Raphael.
Raffaele, Raffaelo Italienische Formen von → Raphael.
Rafi Arabisch. Loben, preisen.
Ragnar Skandinavische Form von → Rainer.
Raha Afrikanisch. Freude. *Auch weiblicher Vorname.*
Rahul Indisch. Der Barmherzige.

Raiden Japanisch. Gott des Donners.
Raik, Raiko Kurzformen von → Raimund.
Raimar Variante von → Reimar.
Raimond Variante von → Raimund.
Raimund Althochdeutsch. Rat/Beschluss und Schutz der Unmündigen.
Rainald Variante von → Reinold.
Rainer Althochdeutsch. Rat/Beschluss und Heer.
Rainier Französische Form von → Rainer.
Rajan Indisch. König.
Rajesh Indisch. Gott der Könige.
Rajnish Indisch. Herrscher der Nacht.
Ralf, Ralph Englische Kurzformen von → Radolf.
Rama Indisch. Der Angenehme.
Rambert Althochdeutsch. Rabe und glänzend.
Rami Arabisch. Bogenschütze.
Ramiro Spanisch. Der Berühmte, Angesehene.
Ramón Spanische Form von → Raimund.
Randal Englische Variante von → Randolf.
Rando Kurzform von Vornamen mir Rand-.
Randolf Althochdeutsch. Schild und Wolf.
Randolph Englische Form von → Randolf.
Randulf Variante von → Randolf.
Raoul Französische Form von → Randolf.
Raphael Hebräisch. Gott heilt.

25 DREISILBIGE JUNGENNAMEN

Andreas, Bastian, Benjamin, Christian, Dominik, Elias, Fabian, Florian, Frederik, Gabriel, Johannes, Jonathan, Julian, Konstantin, Leonard, Michael, Manuel, Matteo, Nicholas, Oliver, Raphael, Samuel, Theodor, Tobias, Valentin.

Rappo, Rappold, Rappolt Varianten von Ratbald (Althochdeutsch. Ratgeber und kühn).
Raschid Arabisch. Der Weise.
Rasmus Skandinavische Kurzform von → Erasmus.
Rathold Althochdeutsch. Ratgeber und herrschen.
Ratmar Althochdeutsch. Ratgeber und berühmt.
Rato, Ratilo Kurzformen von Vornamen mit Rat-.
Raul Spanische Form von → Radolf.
Ravi Indisch. Sonne.
Ray Englische Kurzform von → Raymond.
Raymond Englische und französische Form von → Raimund.
Reamonn Irische Form von → Raimund.

25 IRISCHE JUNGENNAMEN

Aidan, Brendan, Conor/Connor, Curran, Eoin, Evan, Fergal, Fergus, Finley, Flynn, Kelly, Kerry, Kilian, Kyle, Liam, Oisin, Patrick, Phelan, Reamonn, Regan, Riordan, Ronan, Ryan, Seamus, Sean.

Reemet, Reemt Friesische Kurzformen von → Raimund.
Regan Irisch. Der vom kleinen König Abstammende.
Reginald Ältere und englische Form von → Reinold.
Regis Kurzform von → Remigius.
Regnar, Regner Skandinavisch. Kraft, Krieger.
Régnier Französische Form von → Rainer.
Reich, Reichard Varianten von → Richard.
Reik, Reiko Kurzformen von Reginbert (Althochdeutsch. Rat und glänzend).
Reimar Variante von → Reinmar.
Reimo Kurzform von Vornamen mit Reim-.
Reimund Variante von → Raimund.
Reimut Althochdeutsch. Rat/Beschluss und Mut.

Reinald Variante von → Reinold.
Reinar, Reiner Varianten von → Rainer.
Reinhard, Reinhart Althochdeutsch. Rat/Beschluss und stark.
Reinhold Variante von → Reinold.
Reinke, Reinko Ostfriesische Kurzformen von → Reinhard.
Reinmar Althochdeutsch. Rat/Beschluss und berühmt.
Reinold Althochdeutsch. Rat/Beschluss und herrschen.
Reinulf Althochdeutsch. Rat/Beschluss und Wolf.
Reku Finnische Kurzform von → Richard.
Remo Italienische Form von → Remus.
Remus Lateinisch. Geht zurück auf die Zwillinge Romulus und Remus, die legendären Gründer Roms.
Rémy Französische Form von Remedius (Lateinisch. Heilmittel) und Remigius (Lateinisch. Der Ruderer).
Ren Japanisch. Lotos.
Renard Französische Form von → Reinhard.
Renato Italienische Form von → Renatus.
Renatus Lateinisch. Der Wiedergeborene.
René Französische Form von → Renatus.
Renja Russische Kurzform von → Andrej. *Auch weiblicher Vorname.*
Renke, Renko Varianten von → Reinhard.
Reno Italienische Kurzform von → Renato.
Renz Kurzform von → Lorenz.
Renzo Italienische Kurzform von → Lorenzo.
Rex 1. Lateinisch. König. 2. Englische Kurzform von → Reginald.
Reza Persisch. Der Zufriedene.
Ricard Französiche Form von → Richard.
Ricardo Spanische Form von → Richard.
Riccardo Italienische Form von → Richard.
Ricco Italienische und spanische Kurzform von → Ricardo, → Riccardo.
Richard Althochdeutsch. Reich/mächtig und stark.
Richie Englische Kurzform von → Richard.
Rick Englische Kurzform von → Richard.

Rickard Schwedische Form von → Richard.

Ricky Englische Koseform von → Rick.

Rico 1. Kurzform von → Richard. 2. Italienische und spanische Kurzform von → Ricardo, → Riccardo.

Riek Norddeutsche Kurzform von → Richard.

Rieko Kurzform von → Richard.

Rigo Kurzform von Vornamen mit Rig-, Rigo-.

Rik Norddeutsche und niederländische Kurzform von → Frederik, → Hendrik.

Rikkart Friesische Form von → Richard.

Riko Kurzform von → Richard.

Riku Japanisch. Land.

Riley Irisch. Der Kriegerische.

Rinaldo Italienische Form von → Reinold.

Ringo Kurzform von → Ringolf.

Ringolf Althochdeutsch. Rat/Beschluss und Wolf.

Rino Italienische Kurzform von Vornamen mit Rino- oder -rino.

Riordan Irisch. Königlicher Dichter, Barde.

Rishi Indisch. Der Kluge.

Risto Finnische Kurzform von → Christoph.

River Englisch. Fluss.

RIVER – TOP ODER FLOP?

Bekannt wurde der Vorname River durch den amerikanischen Schauspieler River Phoenix (1970–1993). In Deutschland ist River als Vorname nur zulässig, wenn das Kind einen zweiten, die Geschlechtszugehörigkeit eindeutig kennzeichnenden Vornamen erhält.

Rix Friesische Kurzform von Vornamen mit -rik, z B. Hendrik.

Riziero Italienisch. Der Gelockte.

Roald Skandinavische Form von Rodewald (Althochdeutsch. Ruhm und herrschen).
Rob, Robbie, Robby Englische Kurzformen von → Robert.
Robert Variante von → Rupert.
Roberto Italienische Form von → Robert.
Robin Englische Kurzform von → Robert.
Robinson Englisch. Sohn des Robin.
Rocco Italienische Form von → Rochus.
Roche Spanische Form von → Rochus.
Rochus Althochdeutsch. Kriegsruf.
Rock Amerikanische Form von → Rochus.
Rockwell Englisch, keltischer Herkunft. Der von der felsigen Quelle Stammende.
Rocky Amerikanische Koseform von → Rock.
Rod Englische Kurzform von → Roderick.
Roderic Französische Form von → Roderich.
Roderich Althochdeutsch. Ruhm und reich/mächtig.
Roderick Englische Form von → Roderich.
Rodolfo Italienische Form von → Rudolf.
Rodolphe Französische Form von → Rudolf.
Rodrigo Italienische, spanische und portugiesische Form von → Roderich.
Rodrigue Spanische und portugiesische Form von → Roderich.
Roelef, Roelf, Roelof Friesische Formen von → Rolf, → Rudolf.
Rogan Irisch. Der Rothaarige.
Roger Variante von → Rüdiger.
Rohan Gälisch. Der kleine Rote.
Roland Althochdeutsch. Ruhm und Land.
Rolando Italienische Form von → Roland.
Rolf Eigenständige Kurzform von → Rudolf.
Rolland Französische Form von → Roland.
Rollo Kurzform von → Roland, → Rudolf.
Romain Französische Form von → Romanus.

25 FRANZÖSISCHE JUNGENNAMEN

Adrien, André, Antoine, Benoît, Clément, Elie, Etienne, Fabrice, Gaspard, Henri, Jacques, Jerôme, Julien, Laurent, Louis, Marcel, Mathieu, Maxime, Nicolas, Pascal, Pierre, Raoul, René, Romain, Silvain.

Roman Variante von → Romanus.
Romano Italienische Form von → Romanus.
Romanus Lateinisch. Der Römer.
Romek Polnische Form von → Romanus.
Romeo Italienische Kurzform von → Bartolomeo.
Romulus Lateinisch. Geht zurück auf die Zwillinge Romulus und Remus, die legendären Gründer Roms.
Ron Englische Kurzform von → Ronald.
Ronald Schottische Form von → Reinold.
Ronaldo Italienische Form von → Ronald.
Ronan Irisch. Kleine Robbe.
Ronny Englische Koseform von → Ronald.
Roque Spanische Form von Rochus.
Rorik Norddeutsche Kurzform von → Roderich.
Rory 1. Englische Form von → Roderich. 2. Irisch. Der Rothaarige.

ROSA – TOP ODER FLOP?

Rosa kann durchaus top sein – wenn das Baby ein Mädchen ist. Für einen Jungen ist der Name jedoch nicht zulässig, nicht einmal als Zweitname.

Ross Gälisch. Kap.
Rostam, Rostan Persisch. Der von gewaltigem Wuchs.
Roswin Althochdeutsch. Ross und Freund.
Rothard Althochdeutsch. Ruhm und stark.

Rouven Variante von → Ruben.

Rowan Irisch. Der Rothaarige.

Rowland Englische Form von → Roland.

Roy Englisch, keltischer Herkunft. Der Rote.

Ruben Hebräisch. Seht den Sohn!

Rüdeger Variante von → Rüdiger.

Rudgar, Rudgard, Rudger Varianten von → Rüdiger.

Ruthard Variante von → Rothard.

Rudi Kurzform von → Rudolf.

Rudibert Althochdeutsch. Ruhm und glänzend.

Rüdiger Althochdeutsch. Ruhm und Speer.

Rudmar Althochdeutsch. Ruhm und berühmt.

Rudo Kurzform von → Rudolf.

Rudolf Althochdeutsch. Ruhm und Wolf.

Rudolph Englische Form von → Rudolf.

Ruedeli, Ruedi, Ruedli, Ruedy Schweizerische Varianten von → Rudolf.

Rufin, Rufinus Erweiterte Formen von → Rufus.

Rufus Lateinisch. Der Rote, Rothaarige.

Ruggero Italienische Form von → Rüdiger.

Ruggiero Italienische Form von → Rüdiger.

Rui Portugiesisch. Der Ruhmreiche.

Rune Schwedische Kurzform von Vornamen mit Run-, wie z. B. Runfried (Althochdeutsch. Geheimnis und Friede). *Auch weiblicher Vorname.*

Rupert, Rupertus Althochdeutsch. Ruhm und glänzend.

Ruppert Variante von → Rupert.

Rupprecht, Ruprecht Varianten von → Rupert.

Rurik Russische Form von → Roderich.

Ruslan Russisch. Löwe.

Russell Englisch. (Vermutlich) der Rothaarige.

Rusty Kurzform von → Russell.

Rutger, Rütger, Rüttger Varianten von → Rüdiger.

Ruthard Althochdeutsch. Ruhm und stark.

Ruud Niederländische Kurzform von → Rudolf.

Ruven, Ruwen Varianten von → Ruben.
Ryan Irisch. Sohn des Rian.
Ryo Japanisch. Der Kühle.
Ryszard Polnische Form von → Richard.

S

Sabas Hebräisch. Alter Mann.
Sabatino Italienisch. Der an einem Sabbat/Samstag Geborene.
Sabin, Sabinus Lateinisch. Der Sabiner.
Sabri Türkisch, arabischer Herkunft. Geduld, Ausdauer.
Sacha Französische Form von → Sascha.
Sachar Russische Form von → Zacharias.
Safi Arabisch. Der Reine.
Sahen Indisch. Falke.
Said Arabisch. Der Wachsende, Glückliche.
Saladin Arabisch. Heil des Glaubens.
Salim Arabisch. Der Unversehrte.
Salman Arabisch. Der Heile, Gesunde.
Salomo, Salomon Hebräisch. Glück, Wohlergehen, Friede.
Salvador Spanische Form von → Salvator.
Salvator Lateinisch. Retter, Erlöser.
Salvatore Italienische Form von → Salvator.
Sam Kurzform von → Samuel. *Auch weiblicher Vorname.*
Sami Arabisch. Der Erhabene.
Samir 1. Indisch. Wind. 2. Arabisch. Abendlicher Unterhalter.
Sammy Kurzform von → Samuel.
Samson Hebräisch. Kleine Sonne.
Samuel Hebräisch. Ich bin erhört von Gott.

Sander Kurzform von → Alexander.
Sándor Ungarische Form von → Alexander.
Sandro Italienische Kurzform von → Alessandro.
Sanja Russische Kurzform von → Alexander. *Auch weiblicher Vorname.*
Santiago Spanische Variante von → Jakob.
Santino Variante von → Santo.
Santo Italienisch. Der Heilige.
Sarad Indisch. Der im Herbst Geborene.
Sarojin Indisch. Wie Lotos.
Sascha Russische Kurzform von → Alexander.
  Auch weiblicher Vorname.

SASCHA ALS ALLEINIGER VORNAME?

Als Unisex-Vorname ist Sascha eigentlich nur in Verbindung mit einem eindeutig männlichen oder weiblichen Vornamen zulässig. Doch keine Regel ohne Ausnahme. 1993 ließ das Landgericht Bremen Sascha als einzigen Vornamen für einen Jungen zu.

Sasso Norddeutsche Variante von Sachso (Deutsch. Der Sachse).
Saul Hebräisch. Der Erbetene, Begehrte.
Schimea Hebräisch. Ruhm.
Schura Russische Koseform von → Alexander.
  Auch weiblicher Vorname.
Scott Englisch. Der Schotte.
Seamus Irische Form von → Jakob.
Sean Irische Form von → Johannes.
Sebald, Sebaldus Varianten von Siegbald (Althochdeutsch.
  Sieg und kühn).
Sebastiaan Niederländische Form von → Sebastian.
Sebastian Griechisch. Der Verehrungswürdige, Erhabene.

25 VIERSILBIGE JUNGENNAMEN

Adriano, Alexander, Amadeus, Antonius, Aurelius, Benedetto, Cornelius, Damiano, Domenico, Emmanuel, Emilian, Fridericus, Geronimo, Jeremias, Korbinian, Leonardo, Nathanael, Nikodemus, Oleander, Ottorino, Patricius, Sebastian, Timotheus, Valerian, Zacharias.

Sebastiano Italienische Form von → Sebastian.
Sébastien Französische Form von → Sebastian.
Sekani Afrikanisch. Der Lachende.
Sem Hebräisch. Name.
Semjon Russische Form von → Simon.
Sepp Süddeutsche Kurzform von → Josef.
Seraph, Seraphin Hebräisch. Der Brennende, Leuchtende.
Serenus Lateinisch. Der Heitere, Glückliche.
Serge Englische und französische Form von → Sergius.
Sergej Russische Form von → Sergius.
Sergio Italienische Form von → Sergius.
Serjoscha Russische Koseform von Sergius (Lateinisch. Geht zurück auf einen römischen Geschlechternamen).
Seth Hebräisch. Spross.
Severiano Variante von → Severin.
Severin, Severinus, Severus Lateinisch. Der Strenge, Ernsthafte.
Shahin Arabisch. Falke.
Shalom Hebräisch. Friede.
Shanahan Irisch. Der Weise.
Shane Irische Form von → Johannes.
Shannon Irisch. Der kleine, alte Weise. *Auch weiblicher Vorname.*
Sharif Arabisch. Der Ehrliche, Redliche.
Shawn Moderne amerikanische Form von → John.
Shia Hebräisch. Geschenk Gottes.
Shima Japanisch. Inselbewohner.

Shing Chinesisch. Sieg.
Shiro Japanisch. Viertgeborener.
Sid Kurzform von → Sidney.
Sidney Englisch, lateinischer Herkunft. Variante von Sidonius (Der aus Sidon Stammende).
Siegbert Althochdeutsch. Sieg und glänzend.
Siegfried Althochdeutsch. Sieg und Friede.
Siegmar Althochdeutsch. Sieg und.berühmt.
Siegmund Althochdeutsch. Sieg und Schutz Der Unmündigen.
Siem, Siemen, Siemo Friesische Varianten von → Simon.
Sierk Friesische Kurzform von Vornamen mit Sieg-.
Sigge, Siggi Kurzformen von → Siegfried.
Siggo Friesische Kurzform von Vornamen mit Sieg-.
Sigbert Variante von → Siegbert.
Sigfried Variante von → Siegfried.
Sigmar Variante von → Siegmar.
Sigmund Variante von → Siegmund.
Sigi Kurzform von Vornamen mit Sieg-. *Auch weiblicher Vorname.*
Sigisbert Variante von → Siegbert.
Sigismund Variante von → Siegmund.
Sigo Friesische Kurzform von Vornamen mit → Sieg.
Sikko Friesische Kurzform von Vornamen mit Sieg-.
Silas 1. Aramäische Variante von → Saul. 2. Griechische Kurzform von → Silvanus.
Silenos Griechisch. Der Fließende.
Silko Norddeutsch, männliche Form von → Silke.
Silvain Französische Form von → Silvanus.
Silvan Variante von → Silvanus.
Silvano Italienische Form von → Silvanus.
Silvanus Lateinisch. Name des altrömischen Waldgottes.
Silvest, Silvester Lateinisch. Der zum Wald Gehörende.
Silvian Variante von → Silvius.
Silvio Italienische und spanische Form von → Silvius.

Silvius Lateinisch. Wald.
Simeon Hebräisch. Gott hat gehört.
Simon Hebräisch. Gott hat erhört.
Simone Italienische Form von → Simon.

EIN JUNGE NAMENS SIMONE?

In Deutschland gilt Simone als Mädchenname. Doch auch hier gilt wieder: Keine Regel ohne Ausnahme. So entschied das Amtsgericht Bremen, dass Simone als Vorname für einen Jungen zulässig sei. Voraussetzung ist hier allerdings ein weiterer, eindeutig männlicher Vorname.

Simson Variante von → Samson.
Sinan Türkisch, arabischer Herkunft. Eiserne Speerspitze.
Sinbald Variante von → Sintbald.
Sinbert Variante von → Sintbert.
Sindbad Persisch. Wind/Herr des Sindh (Fluss Indus).
Sindram Variante von → Sintram.
Sindre, Sindri Skandinavisch. Der Sprühende.
Sintbald Althochdeutsch. Weg/Reise und kühn.
Sintbert Althochdeutsch. Weg/Reise und glänzend.
Sintram Althochdeutsch. Bedeutung. Weg/Reise und Rabe.
Sion Walisische Form von → Johannes.
Sirach Hebräisch. Überfluss.
Sirk Friesisch. Sieg und reich.
Sisto Italienische Form von → Sixtus.
Sixten Schwedisch. Sieg und Stein(waffe).
Sixt, Sixtus Lateinisch. Der Glatte, Feine.
Skipp Norwegisch. Schiffseigner.
Slava, Slavko Slawische Kurzformen von Vornamen, die auf -slav enden.
Sloan Irisch. Krieger.
Sofian Variante von → Sophus.

Solideo Italienisch. Für Gott allein.
Söncke, Sönke, Sönnich Niederdeutsch-Friesisch. Söhnchen.
Sonny Englisch. Söhnchen.
Sophus Griechisch. Der Kluge.
Sören Dänische und niederländische Form von → Severin.

SPEEDY – TOP ODER FLOP?

Ob der Knabe Speedy es bei der Geburt besonders eilig hatte, wissen wir nicht. Was wir aber wissen: Das Oberlandesgericht Karlsruhe ließ Speedy als weiteren Vornamen für einen Jungen zu.

Spencer Englisch. Diener, Angestellter.
Spiridon Neugriechisch. Sämann.
Staffan Schwedische Form von → Stephan.
Stan 1. Englische Kurzform von → Stanley. 2. Polnische Kurzform von → Stanislaw.
Stani Variante von → Stanislaus.
Stanislaus Latinisierte Form des slawischen → Stanislaw.
Stanislaw Slawisch. Standhaft und Ruhm.
Stanley Englisch. Geht zurück auf einen Orts- und Familiennamen.
Stasik Koseform von → Stanislaw.
Stavros Griechisch. Kreuz.
Steen Niederländische und dänische Form von → Sten.
Stefan Variante von → Stephan.
Stefano Italienische Form von → Stephan.
Steffen Norddeutsche Form von → Stephan.
Sten Skandinavisch. Stein.
Stepan Slawische Form von → Stephan.
Stephan Griechisch. Kranz, Krone.
Stéphane Französische Form von → Stephan.
Stephen Englische Form von → Stephan.

Stepka, Stepko Slawische Kurzformen von → Stephan.
Steve Englische Variante von → Stephen.
Steven Englische Variante von → Stephen.
Stian Skandinavisch. Wanderer.
Stig Skandinavisch. Pfad.
Stijn Niederländische Form von → Justinus.
Stoffel, Stoffer Kurzformen von → Christoph.
Stuart Englisch. Name eines schottischen Clans.
Sudi Afrikanisch. Glück.
Suleiman Persische und türkische Form von → Salomon.

SUNDANCE – TOP ODER FLOP?

Dürfen Eltern ihren Sohn Sundance nennen? Ja, urteilte das Landgericht Saarbrücken im Jahr 2001.

Sune Schwedisch. Sohn.
Surya Indisch. Name des Indischen Sonnengottes.
Sven, Svend Skandinavisch. junger Mann, Jüngling.
Swante Slawisch. Kriegsvolk.
Swen Variante von → Sven.
Sydney Variante von → Sidney.
Sylvain Französische Form von → Silvanus.
Sylvester Variante von → Silvester.

T

Taako Norddeutsche Kurzform von Vornamen mit Diet-.
Tadashi Japanisch. Der Richtige.
Tade Friesische Kurzform von Vornamen mit Diet-.
Taddeo Italienische Form von → Thaddäus.
Tadeusz Polnische Form von → Thaddäus.
Tadzio Italienische Koseform von → Thaddäus.
Tage Skandinavisch. Früher Beiname für einen Bürgen, Gewährsmann.
Tahir Arabisch. Der Saubere, Reine.
Tai Vietnamesisch. Begabung.
Takashi Japanisch. Respekt gegenüber den Eltern.
Take Friesische Kurzform von Vornamen mit Diet-.
Tako Norddeutsche Kurzform von Vornamen mit Diet-.
Tal Hebräisch. Das Tau.
Tamar Hebräisch. Dattelpalme. *Auch weiblicher Vorname.*
Tamás Ungarische Form von → Thomas.
Tamino Griechisch. Herr, Gebieter.
Tamme, Tammo Norddeutsche und friesische Kurzformen von → Thomas.
Tani Japanisch. Tal. *Auch weiblicher Vorname.*
Tankred Normannisch, althochdeutschen Ursprungs. Gedanke und Ratgeber.
Tarek, Tarik Arabisch. Nächtlicher Besucher.
Tarje Norwegische Varianten von → Thorger.
Taro Japanisch. Dicker junger Mann, Gatte.

25 FERNÖSTLICHE JUNGENNAMEN

Akira, Bao, Hiroshi, Hisoka, Ho, Isas, Jiro, Kano, Kin, Kiyoshi, Lei, Li, Liang, Lin, Manchu, Ning, Raiden, Shima, Shing, Shiro, Tai, Tano, Taro, Yemon, Yukiko.

Taron Walisisch. Donner.
Tarun Indisch. Der Junge, Jugendliche.
Tasida Indianisch. Reiter. *Auch weiblicher Vorname.*
Tassilo Koseform von → Tasso.
Tasso Italienisch. Eibe.
Taylor Englisch. Schneider. Geht zurück auf einen Familiennamen. *Auch weiblicher Vorname.*
Ted, Teddy Englische Kurzformen von → Theodore, → Edward.
Teetje Friesische Kurzform von Vornamen mit Diet-.
Tekin Türkisch. Prinz.
Tell Althochdeutsch. (Vermutlich) der Helle. Geht zurück auf den Familiennamen des schweizerischen Nationalhelden Wilhelm Tell.
Temme, Temmo Friesische Kurzformen von → Dietmar.
Teo Kurzform von → Theodor, → Theobald.
Teodoro Italienische und Spanische Form von → Theodor.
Terence Englisch, lateinischer Herkunft. Geht zurück auf den römischen Geschlechternamen Terentius.
Terje Norwegische Variante von → Thorger.
Terry Englische Kurzform von → Terence.
Tetje Friesische Kurzform von Vornamen mit Diet-.
Tewes Kurzform von → Matthäus.
Thaddäus Griechisch. Lobpreisung.
Thaisen Nordfriesische Kurzform von → Matthias.
Thassilo Koseform von → Tasso.
Thedo Friesische Kurzform von → Theodor.
Theis, Theiß Kurzformen von → Matthias.
Themke Kurzform von → Dietmar.
Theo Kurzform von → Theodor, → Theobald.
Theobald Latinisierte Form von → Dietbald.
Theodor Griechisch. Gottesgeschenk.
Theodore Englische Form von → Theodor. *Auch weiblicher Vorname.*
Théodore Französische Form von → Theodor.
Theodosius Griechisch. Gottesgeschenk.

Theophil Griechisch. Gottesfreund.
Thetje Friesische Kurzform von Vornamen mit Diet-.
Thibaut Französische Form von → Theobald.
Thiemo Kurzform von → Thietmar, → Dietmar.
Thien Vietnamesisch. Der Sanfte.
Thierri, Thierry Französische Formen von → Dietrich.
Thies, Thieß Kurzformen von → Matthias.
Thietmar Variante von → Dietmar.
Thijs Niederländische Form von → Matthias.
Thilo Kurzform von Vornamen mit Diet-.
Thimo Kurzform von → Thietmar, → Dietmar.
This Norddeutsche Kurzform von → Matthias.
Thomas Aramäisch. Zwilling.
Thoralf Skandinavisch. Thor (Donnergott) und Elf, Naturgeist.
Thorben Varianten von → Thorbjörn.
Thorbjörn Skandinavisch. Thor (Donnergott) und Mann.
Thore Skandinavisch. Thor (Donnergott).
Thorger Skandinavisch. Thor (Donnergott) und Speer.
Thornton Englisch. Land mit Dornenhecken.
Thorsten Skandinavisch. Thor (Donnergott) und Stein.
Thorwald Skandinavisch. Thor (Donnergott) und herrschen.
Thure Variante von → Thore.
Thyl Norddeutsche und friesische Kurzform von Vornamen mit Diet-.
Tiago Portugiesisch. Er möge schützen.
Tian Chinesisch. Himmel.
Tiard Friesische Kurzform von → Diethard.

25 FRIESISCHE JUNGENNAMEN

Andries, Baldo, Broder, Deik, Enno, Elso, Feiko, Gerrit, Hark, Hauk/Hauke, Ibo, Jabbo, Jelso, Meino, Neel, Nigg, Nonno, Okke, Paale, Pals, Peeke, Sönke, Timo, Tjard, Tjark.

Tiark Friesische Kurzform von → Dietrich.
Tiberius Lateinisch. Der dem Flussgott Geweihte.
Tibo Kurzform von Vornamen mit Diet-.
Tibor Ungarische Form von → Tiberius.
Tido, Tiedo Norddeutsche Kurzform von Vornamen mit Diet-.
Tiemo Kurzform von → Thietmar, → Dietmar.
Til, Tile, Till Norddeutsche und friesische Kurzformen von Vornamen mit Diet-.
Tillman, Tillo, Tilmann, Tilman Deutsch. Sohn des Till.
Tilo Kurzform von Vornamen mit Diet-.
Tim Kurzformen von → Timotheus.
Timäus Variante von → Timotheus.
Timm Kurzform von → Timotheus.
Timmo, Timo Norddeutsche und friesische Kurzformen von → Thiemo.
Timofei Russische Form von → Timotheus.
Timon Griechisch. Ehre, Ansehen.
Timoteo Italienische Form von → Timotheus.
Timothé, Timothée Französische Formen von → Timotheus.
Timotheus Griechisch. Ehre Gott!
Timothy Englische Form von → Timotheus.
Tino Italienische Kurzform von Vornamen, die auf -tino enden.
Titius Variante von → Titus.
Tito Italienische Form von → Titus.
Titus Lateinisch. Ruhm, Verdienst, Ansehen.
Tizian Erweiterte Form von → Titus.
Tiziano Italienische Form von → Tizian.
Tjard Friesische Kurzform von → Diethard.
Tjark Friesische Kurzformen von → Dietrich.
Tobia, Tobiah Varianten von → Tobias.
Tobias Hebräisch. Gott ist gnädig.
Tobey, Toby Englische Kurzform von → Tobias.
Todd Englisch. Fuchs.
Tohon Indianisch. Puma.

> **TOM TOM – TOP ODER FLOP?**
>
> Darf ein Junge Tom Tom heißen? Nein, entschied das Amtsgericht Bremen im Jahr 1991.

Tom Englische Kurzform von → Thomas.
Tomas Schwedische und spanische Form von → Thomas.
Tomaso Italienische Form von → Thomas.
Tomasz Polnische Form von → Thomas.
Tomke, Tomko Skandinavische Kurzformen von Vornamen mit Thor-.
Tommaso Italienische Form von → Thomas.
Tommy Englische Kurzform von → Thomas.
Toni Kurzform von → Anton. *Auch weiblicher Vorname.*
Tonio Italienische Kurzform von → Antonio.
Tönjes, Tönnies, Töns Rheinisch-niederländische Kurzformen von → Antonius.
Tony Englische Kurzform von → Anthony. *Auch weiblicher Vorname.*
Toralf Variante von → Thoralf.
Torben Variante von → Thorbjörn.
Torbjörn Variante von → Thorbjörn.
Tord Skandinavische Kurzform von Vornamen mit Thor-.
Tore Variante von → Thore.
Torger Variante von → Thorger.
Torsten Variante von → Thorsten.
Torvald, Torwald Varianten von → Thorwald.
Tosco Italienisch. Der Etrusker.
Toste Skandinavische Kurzform von Vornamen mit Thor-.
Tove Skandinavische Kurzform von Vornamen mit Thor-, Tor-. *Auch weiblicher Vorname.*
Tracy Englisch. Geht zurück auf einen Familien- und Ortsnamen. *Auch weiblicher Vorname.*
Traugott Deutsch. Vertraue Gott!

Trautmar Althochdeutsch. Kraft/Stärke und berühmt.
Trevor Irisch. Der Besonnene, Weise.
Tristan Keltisch. Waffenlärm.
Tristian Variante von → Tristan.
Tristram Variante von → Tristan.
Troy Englisch. Nach der antiken Stadt Troja.
Trudbert Althochdeutsch. Kraft/Stärke und berühmt.
Trudo Kurzform von → Trudbert.
Truman Englisch. Der Getreue.
Tryggve Skandinavisch. Der Treue, Zuverlässige.
Trym Skandinavisch. Das Krachen (Lärm).
Ture Variante von → Thore.
Tycho Griechisch. Schicksal, Glück.
Tye Englisch. Geht zurück auf einen Familiennamen.
Tyee Indianisch. Häuptling.
Tyl Norddeutsche und friesische Kurzform von Vornamen mit Diet-.
Tyler Englisch. Geht zurück auf einen Ortsnamen.
Tyron Irisch. Geht zurück auf eine irische Grafschaft.
Tyson Englisch. Geht zurück auf einen Familiennamen.

Ubald Althochdeutsch. Sinn/Geist/Verstand und kühn.
Ubani Afrikanisch. Weihrauch.
Ubbo Friesische Kurzform von → Ubald.
Udelar Variante von → Adelar.
Udo Variante von → Otto und → Ulrich.
Ueli Schweizerische Kurzform von → Ulrich.
Ugo Italienische Form von → Hugo.

Uhl Kurzform von → Ulrich.

Ulf, Ulfo Kurzformen von Vornamen mit -ulf, Ulf-.

Uli, Ulli Kurzformen von → Ulrich.

Ulrich Althochdeutsch. Erbgut/Heimat und reich.

Ulrik Norddeutsche Form von → Ulrich.

Ulv Schwedische Form von → Ulf.

Ulvi Türkisch, arabischer Herkunft. Der Himmlische, Erhabene.

Ulysses Lateinische Form von Odysseus.

Umberto Italienische Form von → Humbert.

Urban, Urbanus Lateinisch. Stadtbewohner.

25 PAPSTNAMEN

Alexander, Anastasius, Benedikt, Bonifatius, Coelestin, Felix, Franziskus, Gregor, Hadrian, Innozenz, Johannes, Julius, Klemens, Leo, Linus, Lucius, Martin, Nikolaus, Paul, Pius, Silvester, Sixtus, Stephan, Theodor, Urban.

Uri Kurzform von → Uriel.

Urias Hebräisch. Licht ist mein Herr.

Uriel Hebräisch. Gott ist mein Licht.

Urs In der Schweiz sehr verbreitete Kurzform von → Ursus.

Ursin Französische Form von → Ursus.

Ursinus Erweiterte Form von → Ursus.

Ursio Italienische Form von → Ursus.

Ursus Lateinisch. Bär.

Usmar Variante von → Osmar.

Uto Variante von → Udo.

Utz, Uz Süddeutsche Kurzform von → Ulrich.

Uve, Uvo Varianten von → Uwe.

Uwe Friesische Kurzform von Vornamen mit Ot-, Od-.

Uz Süddeutsche Kurzform von → Ulrich.

Václav Tschechische Form von → Wenzeslaus.
Vadin Indisch. Gelehrter Redner.
Valentin Lateinisch. Der Gesunde, Starke.
Valentino Italienische Form von → Valentin.
Valentinus Variante von → Valentin.
Valerian Variante von → Valerius.
Valerio Italienische Form von → Valerius.
Valerius Lateinisch. Geht zurück auf einen römischen Geschlechternamen.
Valtin Süddeutsche Kurzform von → Valentin.
Varus Lateinisch. Bedeutung unklar.
Vasco Portugiesisch. Der Baske, Biskayer.
Vasilios, Vassilios Neugriechische Formen von → Basilius.
Vassilij Russische Form von → Basilius.
Veikko, Veiko Finnisch. Bruder.
Veit Variante von → Vitus.
Velten, Veltin Süddeutsche Kurzformen von → Valentin.

VENUS – TOP ODER FLOP?

Venus ist top, wenn das Baby ein Mädchen ist. Für Jungs ist der Name jedoch ein Flop, auch in Kombination mit einem weiteren, eindeutig männlichen Vornamen. Das entschied das Landgericht Berlin.

Verner Dänische und schwedische Form von → Werner.
Vero Italienisch. Der Wahre.
Vicente Italienische Form von → Vinzenz.
Vico, Vicco Italienische Kurzformen von → Viktor oder → Ludovico.
Victor Englische und französische Form von → Viktor.

Victoriano, Victorianus Varianten von → Victor.
Victorino Variante von → Victor.
Viggo Italienische Kurzform von → Viktor oder → Ludovico.
Vikram Indisch. Stärke.

25 INDISCHE JUNGENNAMEN

Aditya, Akash, Anand, Anil, Arjun, Bala, Chandan, Hardeep, Hari, Indra, Jivin, Kami, Kantun, Kavi, Krishna/Krischna, Lais, Naresh, Pramod, Rahul, Rajan, Rajnish, Ravi, Tarun, Vikram, Vinay.

Viktor Lateinisch. Sieger.
Viktorian Variante von → Viktor.
Vilhelm Skandinavische und bulgarische Form von → Wilhelm.
Vilmar Althochdeutsch. Viel und berühmt.
Vilmos Ungarische Form von → Wilhelm.
Vinay Indisch. Höflichkeit.
Vince Englische Kurzform von → Vincent.
Vincent Englische, französische und niederländische Form von → Vinzenz.
Vincenzo Italienische Form von → Vinzenz.
Vinzent Variante von → Vinzenz.
Vinzentius, Vinzenz Lateinisch. Der Siegende.
Virgil, Virgilius Lateinisch. Geht zurück auf einen römischen Familiennamen.
Vital, Vitalis Lateinisch. Der lange Lebende, Kräftige.
Vito Italienische Form von → Veit, → Vitus.
Vittorio Italienische Form von → Viktor.
Vitulja Russische Form von → Viktor.
Vitus 1. Lateinisch. Leben. 2. Althochdeutsch. Holz, Wald.
Vivian, Vivianus Englisch, Lateinischer Herkunft. Der Muntere, Lebhafte. *Vivian ist auch ein weiblicher Vorname.*

Vivien Französische Form von → Vivian. *Auch weiblicher Vorname.*
Vladimir Russische Form von → Wladimir.
Vladislav Slawisch. Herrschaft/Macht und Ruhm.
Volker Althochdeutsch. Kriegsschar/Volk und Heer.
Volkmar Althochdeutsch. Kriegsschar/Volk und berühmt.
Volko Kurzform von Vornamen mit Volk-.
Volmar Variante von → Volkmar.

Wakiza Indianisch. Verwegener Kämpfer.
Waldebert Althochdeutsch. Herrschen und glänzend.
Waldemar Althochdeutsch. Herrschen und berühmt.
Waldo Kurzform von → Waldemar und → Walter.
Wallace Altenglisch. Mann aus Wales.
Walraf, Walram Varianten von → Waltram.
Walt Englische Kurzform von → Walter.
Walter, Walther Althochdeutsch. Herrschen und Heer.
Waltram Althochdeutsch. Herrschen und Rabe.
Wanja Russische Koseform von → Ivan. *Auch weiblicher Vorname.*

25 JUNGENNAMEN, DIE AUF -A ENDEN

Akria, Aljoscha, Attila, Béla, Elischa, Ezra, Géza, Gösta, Grischa, Hosea, Ilja, Jona, Joschka, Josua, Kolja, Kosta, Krischna, Luca, Mattia, Mika, Mischa, Nikita, Reza, Sascha, Wanja.

Wanko   Bulgarische Koseform von → Ivan.
Wapi   Indianisch. Der Glückliche.
Warner   Norddeutsche und friesische Form von → Werner.
Warren   Englisch. Wächter.
Wasja   Russische Koseform von → Wassili.
Wassili, Wassilij, Wassily   Russische Formen von → Basilius.
Wastl   Bayerische Koseform von → Sebastian.
Wedekind   Variante von Widukind (Althochdeutsch. Holz/Wald und Kind).
Weike   Kurzform von Weikhart, Variante von Wighart (Althochdeutsch. Kampf und stark). *Auch weiblicher Vorname.*
Welf   Althochdeutsch. Tierjunges, Welpe.
Welmer   Variante von → Willimar.
Welmot, Welmuth   Friesische Formen von → Wilmut.
Wendel   Kurzform von Vornamen mit Wendel-.
Wendelin, Wendelinus   Kurzformen von Vornamen mit Wendel-.
Wenzel   Kurzform von → Wenzeslaus.
Wenzeslaus   Latinisierte Form eines slawischen Namens. Mehrer des Ruhmes.
Werner   Althochdeutsch. Sich wehren und Heer.
Wernher   Variante von → Werner.
Werno   Kurzform von Vornamen mit Wern-.
Wessel   Friesische Variante von → Werner.
Whitney   Altenglisch. Der von der weißen Insel. *Auch weiblicher Vorname.*
Wibald   Variante von → Wigbald.
Wibbo   Friesische Kurzform von → Wigbald.
Wibert   Variante von → Wigbert.
Wibo   Friesische Kurzform von → Wigbald.
Widar   Skandinavisch. Holz/Wald und Heer.
Wido   Kurzform von Vornamen mit Wid-, Wit-.
Wieland   Althochdeutsch. Kampf und wagemutig/kühn.
Wigald   Variante von → Wigbald.

Wigbald Althochdeutsch. Kampf und kühn.
Wigbert Althochdeutsch. Kampf und glänzend.
Wigbold Variante von → Wigbald.
Wigge, Wiggo Friesische Kurzformen von Vornamen mit Wig-.
Wiglaf Althochdeutsch. Kampf und Erbe.
Wiko Friesische Kurzform von Vornamen mit Wie-.
Wil Niederländische Kurzform von → Wilhelm.
Wilbert Variante von → Willibert.
Wilbrand Althochdeutsch. Wille und Brand.
Wilbur Amerikanisch. Geht zurück auf einen Familiennamen.
Wilfred Variante von → Wilfried.
Wilfried Althochdeutsch. Wille und Friede.
Wilhard Althochdeutsch. Wille und stark.
Wilhelm Althochdeutsch. Wille und Helm.
Wilke, Wilken, Wilko Friesische Kurzformen von Vornamen mit Wil-, Will-.
Will Kurzform von → Wilhelm, → William.
Willem Norddeutsche und niederländische Form von → Wilhelm.
Willi, Willy Kurzform von → Wilhelm.
William Englische Form von → Wilhelm.
Willibald Althochdeutsch. Wille und kühn.
Willibert, Willibrecht Althochdeutsch. Wille und glänzend.
Willie Englische Kurzform von → William.
Willimar Althochdeutsch. Wille und berühmt.
Williram Althochdeutsch. Wille und Rabe.
Willm Variante von → Wilhelm.
Willo Ostfriesische Kurzform von Vornamen mit Will-, Will-.
Wilm Friesische Kurzform von → Wilhelm.
Wilmar Variante von → Willimar.
Wilmut Althochdeutsch. Wille und Mut, Eifer, Geist.
Wilson Englisch. Geht zurück auf einen Familiennamen.
Wim, Wims Kurzformen von → Wilhelm.
Winfried Althochdeutsch. Freund und Friede.

Winibald   Althochdeutsch. Freund und kühn.
Winibert   Althochdeutsch. Freund und glänzend.
Winnetou   Nach der gleichnamigen Figur in Karl Mays Werken.
Winston   Englisch. Geht zurück auf einen Ortsnamen.
Wipert, Wiprecht   Varianten von → Wigbert.
Withold   Althochdeutsch. Holz/Wald und herrschen.
Wito   Kurzform von Vornamen mit Wid-, Wit-.
Witold   Variante von Withold.
Wittiko   Kurzform von Vornamen mit Wid-, Wit-.
Wladimir   Russische Form von → Waldemar.
Wladislaw   Variante von → Vladislav.
Woldemar   Norddeutsche Form von → Waldemar.
Wolf   Eigenständige Kurzformen von Vornamen mit Wolf-.
Wolfgang   Althochdeutsch. Wolf und (Waffen)Gang/Streit.
Wolfhard, Wolfhart   Althochdeutsch. Wolf und stark.
Wolfram   Althochdeutsch. Wolf und Rabe.
Wolfrid, Wolfried   Althochdeutsch. Wolf und Friede.
Wolter   Norddeutsche Form von → Walter.
Woltje   Friesische Koseform von → Walter.
Wotan   Germanisch. Geht zurück auf den germanischen Gott Odin.
Wout   Niederländische Kurzform von → Walter.
Wulf   Variante von → Wolf.
Wunibald   Althochdeutsch. Wonne und kühn.
Wunibert   Althochdeutsch. Wonne und glänzend.
Wunnibald   Variante von → Wunibald.
Wynn   Altwalisisch. Der Helle, Blonde.

X

Xander Rätoromanische Kurzform von → Alexander.
Xaver, Xaverius Spanisch. Geht zurück auf einen Ortsnamen.
Xavier Englische und französische Form von → Xaver.
Xenofon, Xenophon Griechisch. Gast/Fremder und glänzen.
Xenos Englisch, griechischer Herkunft. Gast, Fremder.
Xerxes Griechische Form eines persischen Königsnamens.
Xylon Englisch, griechischer Herkunft. Holz.

Y

Yadid Hebräisch. Freund, Geliebter.
Yakez Indianisch. Himmel.
Yan, Yann In der Schweiz gebräuchliche Kurzformen von → Yanneck.
Yanneck Variante von → Johannes.
Yannis Griechische Form von → Johannes.
Yassir Arabisch. Ins Lot bringen.
Yemon Japanisch. Torwächter.
Yilmaz Türkisch. Der Furchtlose.
Ylan Hebräisch. Baum.
Yorck, York Dänische Formen von → Georg.
Yukiko Japanisch. Schnee.
Yul Schwedische Form von → Yule.
Yule Englisch/schottisch. Weihnachten.
Yuma Indianisch. Häuptlingssohn.
Yusuf Arabische und Türkische Form von → Josef.

Yvan Variante von → Ivan.
Yves Französische Form von → Ivo.
Yvo, Yvon Variante von → Ivo.

Zac Englische Kurzform zu → Zachary.
Zacharias Hebräisch. Der Herr hat sich meiner erinnert.
Zacharie Französische Form von → Zacharias.
Zachary Englische Form von → Zacharias.
Zachäus Variante von → Zacharias.
Zadok Hebräisch. Der Gerechte.
Zahur Afrikanisch. Blume.
Zamir Hebräisch. Vogel, Lied.
Zammert Friesische Variante von → Dietmar.
Zander Rätoromanische Kurzform von → Alexander.
Zarin, Zarjo Bulgarisch. Herrscher.
Zdenko Tschechische Form von → Sidonius.
Zeheb Türkisch. Gold.
Zeno, Zenon Griechisch. Geschenk des Zeus.
Zerres Niederrheinische Kurzform von → Severin.
Zikomo Afrikanisch. Der Dankende.
Zlatko Slawisch. Goldjunge.
Zölestin Variante von → Cölestin.
Zoltán Ungarisch. Sultan.

25 UNGARISCHE JUNGENNAMEN

Andór, András, Béla, Ernö, Ferenc, Gabór, Geza, György, Gyula, Imre, István, Janós, Jenö, Joschka, Karóly, Lajos, Lászlo, Mihály, Miklós, Nandor, Petö, Sándor, Tamás, Tibor, Zoltán.

Zoran Slawisch. Sonne.

Zsolt Ungarisch. Sultan.

Zyprian Variante von → Cyprian.

Zyriakus Griechisch. Der zu dem Herrn Gehörende.

Babys verstehen leicht gemacht!

- Für die Zeit, bevor ein Baby sprechen kann: Der praktische Babyzeichen-Ratgeber für Eltern!
- Einfach und verständlich, mit Bild- und Ton-Beispielen: Was bedeuten konkrete Babyzeichen? Was möchten Babys mit ihrer Mimik, ihren Gesten und ihren Lauten sagen?
- Perfekt für frischgebackene Mamas und Papas – auch als Geschenk gut geeignet

Vivian König
Was dein Baby dir sagen möchte
248 Seiten
14,5 x 21,5 cm, Softcover
ISBN 978-3-86910-642-7
€ 19,99 [D] / € 20,60 [A]

Der Ratgeber ist auch als eBook erhältlich.

...bringt es auf den Punkt.

Mamasein für Anfänger

- Der ehrliche Ratgeber für werdende und frischgebackene Mamas
- #realtalk: Mamasein unzensiert
- Alles, was eine Mama wissen sollte: Was passiert bei der Geburt? Welche Belastungen kommen zu Hause mit dem Baby auf mich zu? Wie werden wir eine glückliche und zufriedene Familie?

Nele Hillebrandt
Mama sein
224 Seiten
14,5 x 21,5 cm, Softcover
ISBN 978-3-86910-644-1
€ 19,99 [D] / € 20,60 [A]

Der Ratgeber ist auch als eBook erhältlich.

Lachen, trösten, einschlafen ...

- Rhythmus und Musik gehören einfach dazu – schon im Bauch nehmen Babys Mamas Herzschlag als beruhigend wahr
- Für schöne Rituale und geborgene Momente im Alltag: Auf der Wickelkommode, beim Essen, zum Trösten, Toben, Einschlafen und, und, und ...
- Buch plus CD mit allen Liedern und Versen

Ulla Nedebock
Babys brauchen Musik
2. Auflage
160 Seiten plus Audio-CD
14,5 x 21,5 cm, Softcover
ISBN 978-3-86910-648-9
€ 16,99 [D] / € 17,50 [A]

Der Ratgeber ist auch als eBook erhältlich.

humb●ldt
...bringt es auf den Punkt.

Bibliografische Information der Deutschen Nationalbibliothek
Die Deutsche Nationalbibliothek verzeichnet diese Publikation in der Deutschen Nationalbibliografie; detaillierte bibliografische Daten sind im Internet über http://dnb.ddb.de abrufbar.

ISBN 978-3-86910-036-4 (Print)
ISBN 978-3-86910-037-1 (PDF)
ISBN 978-3-86910-038-8 (EPUB)

Der Autor: Gerald Drews ist gelernter Tageszeitungsjournalist und seit mehr als 30 Jahren Inhaber einer Literaturagentur. Er schreibt aber auch selbst regelmäßig Ratgeber und Sachbücher, die längst eine Millionenauflage erreicht haben. Seit langer Zeit führt der bekennende Vielzweck-Sammler und begeisterte Großvater unter anderem eine ständig aktualisierte Vornamenliste. Das Resultat findet sich in diesem praktischen Ratgeber wieder.

Originalausgabe

© 2019 humboldt
Eine Marke der Schlüterschen Verlagsgesellschaft mbH & Co. KG,
Hans-Böckler-Allee 7, 30173 Hannover
www.schluetersche.de
www.humboldt.de

Autor und Verlag haben dieses Buch sorgfältig geprüft. Für eventuelle Fehler kann dennoch keine Gewähr übernommen werden. Alle Rechte vorbehalten. Das Werk ist urheberrechtlich geschützt. Jede Verwertung außerhalb der gesetzlich geregelten Fälle muss vom Verlag schriftlich genehmigt werden.

Redaktionelle Mitarbeit: Birgit Adam
Lektorat: Berit Lina Barth, Mössingen
Covergestaltung: ZERO, München
Coverfoto: Shutterstock (DinaPhoto/Anastasiia_2305)
Satz: PER MEDIEN & MARKETING GmbH, Braunschweig
Druck und Bindung: gutenberg beuys feindruckerei GmbH, Langenhagen